国家社科基金一般项目研究成果

民间"微公益"行为失范的政府规制与引导策略研究

杨逢银　著

ZHEJIANG UNIVERSITY PRESS
浙江大学出版社
·杭州·

图书在版编目(CIP)数据

民间"微公益"行为失范的政府规制与引导策略研究 /
杨逢银著. --杭州：浙江大学出版社,2023.8
ISBN 978-7-308-23999-8

Ⅰ.①民… Ⅱ.①杨… Ⅲ.①慈善事业－道德规范－
研究－中国 Ⅳ.①D632.1

中国国家版本馆 CIP 数据核字(2023)第 122804 号

民间"微公益"行为失范的政府规制与引导策略研究
杨逢银 著

责任编辑	傅百荣 金 蕾	
责任校对	梁 兵	
封面设计	周 灵	
出版发行	浙江大学出版社	
	(杭州市天目山路 148 号 邮政编码 310007)	
	(网址:http://www.zjupress.com)	
排 版	杭州隆盛图文制作有限公司	
印 刷	广东虎彩云印刷有限公司绍兴分公司	
开 本	710mm×1000mm 1/16	
印 张	11.75	
字 数	211 千	
版 印 次	2023 年 8 月第 1 版 2023 年 8 月第 1 次印刷	
书 号	ISBN 978-7-308-23999-8	
定 价	66.00 元	

内容提要

　　本研究主要从政府规制和跨界合作治理的理论视角,采用案例分析和参与式观察等研究方法,在阐释、论证我国民间"微公益"行为失范的问题表征、发生机理的基础上,提出"微公益"诸多失范乱象的生成,源于跨界行动利益相关方自律和他律机制失效及其彼此间协同、合作关系的断裂,为此民间"微公益"行为失范问题的矫治,不只是从法律、政策上进行单向度的监管、控制,更要因循其失范的内在发生机理,从跨界合作治理的视角整合参与"微公益"行动的各方资源,引导、扶持其所代表的社会力量不断成长壮大,从而实现自律、他律机制的有效衔接与良性互动,重构并形成"微公益"行动多方跨界合作的规制体系,以确保民间"微公益"等互联网公益慈善事业得以规范、健康地发展。

目 录

第一章
导 论

一、民间"微公益"行为失范规制问题的提出

习近平总书记强调,要继承和弘扬中华民族传统美德,积极参与和兴办社会公益慈善事业,做到富而有责、富而有义、富而有爱。[①] 近年来,随着全球互联网信息技术的革新与普及,基于 Web 2.0 社交媒体兴起的"微公益"等"互联网+公益"活动,已在世界各国慈善事业发展中扮演愈加重要的角色,中国公益慈善事业的发展格局因此也在悄然改变。民间"微公益"凭借其独特的公益功能优势,将广大网友的爱心聚沙成塔,最终聚集成公益慈善事业的一支生力军。对"微公益"的发展,民政部曾明确表示,为确保"微公益"行为的健康发展,既予以支持,又要及时地纳入社会监督与行政监管之中。[②] 然而,截至目前我国"微公益"行动的社会监督力量薄弱,直接与之相关的法律规范仍然近乎空白,行政监管和扶持政策也严重缺失。这不但使民间"微公益"行动陷入严重的合法性危机和信任危机,而且其遭受非法公共募捐、网络诈捐、骗捐、骗税等问题造成的侵害也日益加剧,行动活力和发展空间受到严重的束缚和限制。为此,本研究拟在顺应民间"微公益"内在生长机理的前提下,从社会性规制理论和跨界治理的分析视角构建民间"微公益"行为的有效规制体系,提出引导其规范运行、健康成长的策略选择,以期促进我国微公

---

① 杨昊,李昌禹,易舒冉. 实现民营经济健康发展高质量发展[N]. 人民日报,2023-03-23(018).
② 李立国. 民政部:要及时将微公益纳入社会监督和行政监管[EB/OL]. (2012-09-20)[2017-03-24]. http://politics. people. com. cn/n/2012/0920/c70731-19061674. html.

益事业持续、健康地发展。

在传统慈善救助逐渐式微的背景下,互联网公益慈善发展却方兴未艾,其带来的积极效应有目共睹,但互联网公益慈善活动开展过程中显现的问题,对其发展也产生了一定的消极影响,尤其是"微公益"行为过程中的失范情况屡有发生,引起社会公众高度关注。国内外学者针对网络慈善、网络公益的现状进行了详细描述,并针对相关问题进行了剖析,纷纷提出了各自的看法和相应的解决对策。此外,近年来网络公益行为失范问题不断显现,引发的各种事件都在社会上产生较大反响,推动了政府相关部门对"微公益"的行为表现、存在问题及相关活动规范的重视。但是,目前可参考的国内外针对"微公益"行为规制的相关研究相对较少,而且相关法律制度处于空白状态。因此,对"微公益"行为失范发生的原因以及解决对策开展主题研究具有重要意义,并期望对现存问题提出改进建议,完善相关的政策法规,从而规范、引导网络公益健康发展。

在政策实践层面上,随着移动互联时代的到来,各种"微公益"活动如雨后春笋般大量涌现,"微公益"事业在我国也得到了迅猛发展,成为我国慈善领域出现的新潮流。本书在探究民间"微公益"行为失范机理及其问题表征的基础上,构建民间"微公益"行为的跨界合作规制体系,并提出促进其健康成长的引导策略,形成"微公益"组织与政府互动合作、互利共赢的局面,使其充分发挥在第三次分配中的作用。在实践指导方面,对当前"微公益"行为失范的实际状况及其发展困境进行调研、诊断,构建完善的"微公益"行为规制体系和引导其健康成长的策略选择,为民政部规范、扶持"微公益"发展的政策制定提供参考;在立法工作指导方面,为《慈善法(草案)》的审议、完善和其他有关法律法规的制定、完善提供学理支持;同时,对政府明确所需建立的监管形式与主体明确监管职能与重点提供建议。因此,本研究具有很强的现实意义,利于规范民间"微公益"的失范行为,形成规范化、制度化的机制,促进民间"微公益"事业的健康发展。

在学术研究层面上,民间"微公益"是借助互联网平台兴起的草根公益,契合了社会急剧转型背景下社会弱势群体对正当的基本生存权益和发展权益的强烈诉求,蕴含着实现社会公平正义的社会性解决机制与策略。然而,当前"微公益"承担着社会救助的重要服务职能,却不具备社会救助专业能力的支撑。目前国内外学界对于民间公益组织与政府之间的关系的研究较少,而且多从制度和组织内部建设两个方面对问题进行梳理。本研究首先采用跨界合作治理理论深入剖析"微公益"行为失范的发生机理及问题表征,进而将政府社会性规制理论用于分析民间"微公益"行为的监管与调控,并提出政府规制的策略选择。这在为"微公益"行为失范的政府规制提供理论支撑的同时,还拓展了社会性规制理论的研究范畴,有助于进一步完善网络慈善领域,尤其是政府"微公益"规制的相关理论,为后续相关研究提供了一定的知识参照和理论借鉴。

二、国内外相关研究文献回顾

(一)国外"微公益"规制问题研究综述

国外"微公益"起源于 FreeRice 网站,由美国网络筹款活动先驱约翰·布林于 2007 年创立,其前身可以追溯至"网络慈善(online charity)"或"电子公益(e-philantrophy)",迄今主要用以描述基于 Web 2.0 社交媒体开展的公益慈善活动。[①] 在公益慈善事业从线下传统慈善向现代网络慈善拓展过程中,西方国家对公益慈善事业的管制至少已有 400 多年的历史,这些管制确保了法定的慈善组织获得税收减免和其他各项扶持政策支持,尤其是劝募法既保护了公共利益,又保护了消费者的善意免于欺诈和滥用。[②] 民间"微公益"作为网络慈善的最新形态,有关国外政府对其规制的研究起步较早,研究成果主要集中在以下方面。

1.政府规制相关理论研究

规制是针对私人行为的公共行政政策,它是从公共利益出发而制定的规则。[③] 政府规制是"社会公共机构依照一定的规制对企业的活动进行限制的

---

① Saxton G D, Wang L L. The Social Network Effect: The Determinants of Giving through Social Media[J]. Nonprofit & Voluntary Sector Quarterly, 2016, 43(5):850-868.

② Avner B, Van Hoomissen T. Nonprofit organizations in the mixed economy[J]. Annals of Public and Cooperative Economics, 1994, 62(4): 519-50.

③ 丹尼尔·F.史普博.管制与市场[M].余晖,译.上海:上海三联书店、上海人民出版社,1999:28-37.

行为"。[1] 在现代市场经济条件下,美国被公认为是世界上政府规制体制最成熟、成效最明显的国家。[2] 西方国家的政府规制理论经历了公共利益规制理论、规制俘虏理论、放松规制理论、激励性规制理论四个阶段的变迁。传统规制理论被称为"公共利益规制理论"。它是在20世纪70年代芝加哥学派为新提出的规制经济理论找一个基准点时才得以完善的。其核心观点认为,政府管制是为了抑制市场的不完全性缺陷,以维护公众的利益。[3] 规制俘获理论(the capture theory of regulation)是利益集团规制理论的最早雏形,它主张利益集团在公共政策形成中起着重要作用,规制的供给是为了响应产业对规制的需求(立法者被产业俘获),或者随着时间的推移,规制机构逐渐受到产业控制(规制者被产业俘获)。[4] 至20世纪70年代初,施蒂格勒等学者提出完善的"政府俘虏理论",即"规制者是被规制行业和企业的俘虏",主张从政府规制中获得利益的不仅仅是消费者,而且包括被规制的厂商以及规制机构本身,它对政府规制的理论基础起到了釜底抽薪的作用。[5] 之后,佩尔兹曼指出,规制者作出的政策选择受不同社会群体的政治影响,政府规制立法始终对那些组织良好的利益集团有利,因为他们可以更有效地提供政治支持,并愿意投入资源来获得政治支持,因而这些利益集团始终可以从政府规制立法中受益。[6] 政府失灵理论与可竞争市场理论是放宽政府规制的两大主要理论基础。詹姆斯·M.布坎南运用经济学理论对政治过程进行分析,研究发现,在代议制民主政治中,由于公共部门在供应公共物品时出现的浪费与滥用资源现象尤为严重,公共支出存在效率低下的弊病。[7] 激励性规制理论则在保持原有规制结构的条件下,为受规制企业提供竞争压力和提高效

① 植草益.微观规制经济学[M].朱绍文,胡欣欣,等译.北京:中国发展出版社,1992:45-58.

② 宇燕,席涛.监管型市场与政府管制:美国政府管制制度演变分析[J].世界经济,2003(05):3-26.

③ Hantke-Domas M. The Public Interest Theory of Regulation: Non-Existence or Misinterpretation? [J]. European Journal of Law & Economics, 2003, 15(2):165-194.

④ 张红凤.西方政府规制理论变迁的内在逻辑及其启示[J].教学与研究,2006(05):70-77.

⑤ Stigler G J. The Theory of Economic Regulation[J]. Bell Journal of Economics, 1971, 2(1):3-21.

⑥ Becker G. Toward a More General Theory of Regulation[J]. Journal of Law & Economics, 1976,19(2):211-240.

⑦ 布坎南.自由市场和国家[M].北京:北京经济学院出版社,1988:103-115.

率的正面诱因,激励受规制企业努力提高内部效率。①

在涉及公益慈善事业发展的规制问题上,美国经济学家伯顿·韦斯布罗德所提出的"政府失灵论"是目前西方慈善事业发展的重要理论资源之一,基于政府在公共服务供给方面的低效和市场经济调节作用的制约性,非营利性组织在公共服务供给方面具有存在的必要性。② Lawrence Lessig(劳伦斯·莱斯格)认为,政府应该适度对网络社会进行干预,提出"网络空间的自由并非来自政府的缺席。自由,在那里和别处一样,均来源于某种形式的政府控制"。他还进一步指出,网络社会需要受制于文化、社会和政治等领域的行为准则,法律制度的完善在一定程度上减轻了网络发展带来的管理压力,但依然离不开政府引导。对此,根据政府对网络管控程度的不同将其划分为"消极防范"和"积极利用"两种类型。③

2. 网络公益慈善相关研究

Jeffreys 认为,"慈善"一词最初指的是上帝对人类的爱,但现在它指的是人类对世俗的爱,通过"性格或积极努力来证明促进他人的幸福和福祉",特别是通过为"良好的事业"捐赠时间、金钱、商品或服务。④ Marty Sulek 利用学界对"philanthropy"的概念定义和运用现状进行归纳总结,研究"philanthropy"一词的定义转变,"慈善"的概念由理想的内心状态阐释发展到对现代客观现实的阐释,学术界在其馈捐献款项的含义之外,还给予其专业性和学术性的含义。⑤

在西方,网络公益募捐被认为是在传统筹款活动发展受阻时兴起的、有效的社会捐助途径。⑥ Hart T R 为,网络与公益慈善的结合是必然之势,那些还没有借助网络力量去动员人们参与捐赠行为的迟早会意识到自己的是

①　余东华.激励性规制的理论与实践述评——西方规制经济学的最新进展[J].外国经济与管理,2003(07):44-48.

②　林延光.当代中国公益募捐发展研究[D].长沙:湖南师范大学,2014.

③　劳伦斯·莱斯格.代码2·0:网络空间中的法律[M].北京:清华大学出版社,2018:151.

④　Jeffreys E. Celebrity philanthropy in Mainland China[J]. Asian Studies Review,2015,39(4):571-588.

⑤　Sulek M. On the Modern Meaning of Philanthropy [J]. Nonprofit & Voluntary Sector Quarterly, 2010,62(2):193-212.

⑥　Richard H. From Web Site Visitor to Online Contributor: Three Internet Fundraising Techniques for Nonprofits[J]. Social Work,2012,57(4):361-365.

判断错误的。他还指出,网络公益慈善的发起主体应该让公众了解它们的活动意图及活动进展,通过网络去主动寻找与培养捐赠者。[①] Yongjiao Yang 认为,扩展的网络有助于增加人们被要求捐赠的机会,增强人们与某些组织的联系感,从而增加慈善捐赠。[②] Wiepking 和 Maas 提出,拥有更广泛的社交网络对慈善捐赠的积极影响可以用以下事实来解释:信任度更高、同情心更多、语言能力更强的人拥有更多的社交网络并捐赠更大的金额。[③] 同样,社会信任对于解释那些与他人关系不佳或未参与组织的人们的慈善行为尤为重要。[④] 塔罗(Tarrow S G)认为,社会运动是存在"抗争周期"(cycle of protest)的,即"集体行动迅速从动员较好的部门向动员较差的部门扩散,斗争的形式不断翻新,集体行动的框架不断创革,有组织的参与和无组织的参与相互结合,高强度的信息流动以及挑战者与当权者之间的互动连续不断,从而使一个社会系统中的冲突达到一个高点"。[⑤] 当前的网络慈善就处于这样一个"高点"。Brainard 等人认为,网络慈善组织(cyber - grassroots organization)是依托网络平台并由民间(个人)发起的慈善组织。[⑥] 英国的 NCVO 报告认为,网络在互动、募捐和信息赋权三个维度上深刻影响了慈善的形态。[⑦] 约瑟夫·瓦尔特认为,尽管一些新用户和未掌握电脑技术的人仍怀疑以网络为媒介的传播不适宜人际交流,但是越来越多的报告显示以网络为媒介是适用于人际交流的,有时效果与面对面的人际交流相同,甚至在某

---

①　Hart T R. ePhilanthropy: using the internrt to build support [J]. InternetJournal of Nonprofit&Voluntary Sector Markrting, 2002,7(4):353-360.

②　Yang Y J, Zhou W, Zhang D. Celebrity Philanthropy in China: An Analysis of Social Network Effect on Philanthropic Engagement[J]. Voluntas International Journal of Voluntary & Nonprofit Organizations, 2018:1-16.

③　Pamala W, Ineke M. Resources that make you generous: effects of social and human resources on charitable giving[J]. Social Forces, 2009,87(4).

④　Wang L, Graddy E. Social Capital, Volunteering, and Charitable Giving[J]. VOLUNTAS: International Journal of Voluntary and Nonprofit Organizations, 2008, 19(1):23-42.

⑤　Tarrow S. Power in movement[M]. Cambridge University Press, 2022:68.

⑥　Brainard L A, Brinkerhoff J M. Lost in Cyberspace: Shedding Light on the Dark Matter of Grassroots Organizations[J]. Nonprofit and Voluntary Sector Quarterly, 2004(33).

⑦　Griffith M. The Impact of New Technologies on Charitable Giving[EB/OL]. (2018-10-01)[2020 -07-28]. http://www.ncvo-vol. org. uk.

些方面超过了面对面的交流。① 美国作者贝奇·阿德勒在《通告规则：美国慈善法指南》一书中也指出，惹人注目的美国慈善事业可以如此快速、有序地发展，不仅是因为其拥有良好的体制和机制，而且必不可少的是其存在一个非常有利于慈善事业发展的法治环境。② 同时，尽管慈善组织在一定程度上实现了通过新媒体进行信息披露，但依然需要提高其利用新媒体与利益相关主体进行互动和开展战略性沟通的能力。③

尽管许多国家政府都建立了强制性的网络慈善信息披露制度，但是慈善组织网络提交的年度报告、财务报告、审计报告质量普遍不高，究其原因是缺乏统一的标准，加之政府监管部门受人力、财力的制约，难以对这些资料进行大规模的审查。④ 慈善组织网站所表现出来的关键特点亦是具有装饰性，缺少与利益相关者的实质性交流，应当加强与利益相关者的沟通与联系，使其朝愈加信息化的方向发展，并让利益相关者得到更多相关信息。⑤ Franz FoltzI、Frederick FoltzI 通过对慈善发展历程进行梳理，提出慈善最初是在宗教信仰的影响下为穷人提供救济的一种模式，到现代技术社会发展成为一种商业模式。技术极大地改变了慈善的内涵、形式和功能。⑥

3. 政府规制网络公益慈善的必要性、可行性研究

早在 1915 年，Douglas A. Graham 就提出公共规制问题，主张规制必须遵守公平、正义的原则，对公众和社会负责，并提供合适又令人满意的服

① 常昌富，李依倩. 大众传播学影响研究范式：影响研究范式[M].北京：中国社会科学出版社，2000：409.

② Betsy Buchalter Adler. 美国慈善法指南[M].北京：中国社会科学出版社，2002：87.

③ Saxton G D, Brown G W A. New Dimensions of Nonprofit Responsiveness：The Application and Promise of Internet-Based Technologies[J]. Public Performance & Management Review，2007，31(2)：144-173.

④ Carolyn Cordery. Regulating Small and Medium Charities：Does It Improve Transparency and Accountability? [J]. VOLUNTAS：International Journal of Voluntary and Nonprofit Organizations，2013，24(3)：831-851.

⑤ Gandía J L. Internet disclosure by nonprofit organizations：Empirical evidence of nongovernmental organizations for development in Spain[J]. Nonprofit and voluntary sector quarterly，2011，40(1)：57-78.

⑥ Foltz F, Foltz F. Charity in a Technological Society：From Alms to Corporation[J]. Bulletin of Science Technology & Society，2010，30(2)：96-102.

务。① "微公益"等网络慈善的出现及其在互联网上的劝募行为,虽然增加了慈善资金募集数量,拓宽了资金募集渠道,②但也增加了劝募欺诈的风险。为此,从 1995 年起美国部分州政府要求在线劝募必须登记。③ 尽管有反对者批评政府企图借此控制互联网,但国家对互联网劝募的规制的确减少了慈善欺诈。④ 佩兹曼整合了斯蒂格勒的规制俘获思想,并在此基础上提出构建一般性经济规制模型,提出被规制企业的俘获能力具有不确定性,规制结果并不总是对被规制者有利。⑤ Laffont、Tirole 等学者后来对规制俘获的影响因素、形成机理和政府规制外包服务等进行系统研究,进一步发展和完善了政府规制理论,特别是规制俘获理论。⑥ Fred Cohen 对网络伪慈善组织的欺诈方法和程序进行具体分析,并提出政府应完善慈善组织机制、监督机制和合法化机制,加强打击、有效防范虚假网络慈善机构,规范网络慈善环境等有针对的建议。⑦

在互联网公益慈善规制问题上,英国著名社会学家 Anthony Giddens 指出:"由于当前并非所有的公益慈善组织都是专职抑或是高度专业的组织,不可避免地会存在利益冲突和纠纷,因此政府应该在必要的时机适当而有效地监督和管理公益慈善组织及其行动,否则时间一久那些不受到监管的公益组织就会表现得如大救星般的狂妄自大"。⑧ 为此,应把劝募法应用于互联网慈善募捐的规制。⑨ Joanne Fritz 认为,目前在美国兴起的"微公益"组织呈现

① Douglas A. Graham. The Application of the Theories of Public Regulation to the Management of Utilities. [J]. American Water Works Association,1915,2:324-343.

② Leslie Miller. Charity Begins on Line: Nonprofit Groups Raise Millions Without Phone Calls or Junk Mail[J]. USA Today 6D, 1999 (5).

③ Betsy Hill Bush. Solicitation: Registration Required[J]. The Nonprofit Times,1995(7).

④ Liazos, Melissa, G. Can States Impose Registration Requirements on Online Charitable Solicitors? [J]. University of Chicago Law Review, 2000(4).

⑤ Becker G. Toward a More General Theory of Regulation [J]. The Journal of Law and Economics,1976,19(2):211-240.

⑥ Laffont J J, Tirole J. A theory of incentives in procurement and regulation[M]. MT T Press, 1993:89-135.

⑦ Fred Cohen. Internet Fraud: Mythical Online Scams[J]. Computer Fraud & Security, 2003, 2003(4):19.

⑧ Giddens A. Social theory and modern sociology[M]. Stanford University Press,1987:79.

⑨ Putnam Barber. Regulation of US Charitable Solicitations Since 1954 [J]. Voluntas: International Journal of Voluntary and Nonprofit Organizations,2012(3).

过量的趋势，许多"微公益"组织的职能交叉重叠且目标相似，组织之间存在重复可能会稀释公共福利资源，造成资源的浪费。[①] Gerald R. Ferrera 通过研究表明网络立法具有必要性，没有法律的支持，网络空间无法健康有序地发展。在他看来，网络已然成为人类活动的重要场所，建立健全相关法律，加强互联网监管有益于为公众提供安全有序的活动空间。[②] Melissa 主张，在当下互联网已经成为求助与募捐的主要方式，其方便快捷、交互性强、影响力大等优势促使公众倾向于优先选择互联网，但同时其具有的虚拟性与不确定性也产生了一定负面效应。因此，政府必须加强监管，尤其是要加强其登记与注册。[③] Goodin R E 表示，政府慈善的责任有时要强烈于正义，慈善发展尚不完善，还需制度进行规范，因此政府部门应该重视慈善的责任并履行相应的义务。[④]

4. 网络公益慈善监管的方式、手段和模式研究

"微公益"等网络慈善监管方式包括非营利组织的自我管理、[⑤]法律规范、政府监管、社会志愿监督、看门狗社会组织或支持型组织监督等，[⑥]特别要求数量众多的小型公益慈善项目定期披露资金使用情况，[⑦]规制模式主要有法定上限模式、捐赠披露模式、中央调节模式和自我调节模式。[⑧] Phillips 等具体阐释了透明化规制如何被"政治化"以及如何影响规制者与第三部门

① Joanne Fritz. Do we need more micro charity WEBsites[EB/OA]. (2009-07-08)[2020-05-17]. http://nonprofit.about.com/b/2009/07/08/do-we-need-more-micro-charity-WEBsites.htm. 2009.7

② 佛里拉. 网络法课文和案例[M]. 张楚，译. 北京：社会科学文献出版社，2000：22-25.

③ Melissa G. Liazos. Can States Impose Registration Requirements on Online Charitable Solicitors? [J]. The University of Chicago Law Review, 2000.

④ Goodin R E. Duties of Charity, Duties of Justice[J]. Political Studies, 2016.

⑤ Sidel M. Choices and Approaches: Anti-Terrorism Law and Civil Society in the United States and the United Kingdom After September 11[J]. University of Toronto Law Journal, 2011(61).

⑥ Putnam Barber. Regulation of US Charitable Solicitations Since 1954 [J]. VOLUNTAS: International Journal of Voluntary and Nonprofit Organizations, 2012(3).

⑦ Morgan G G. The spirit of charity[J]. *Professorial Lecture*, 2008(3).

⑧ Oonagh B. Breen. The Perks and Perils of Non-Statutory Fundraising Regulatory Regimes: An Anglo-Irish Perspective [J]. VOLUNTAS: International Journal of Voluntary and Nonprofit Organizations, 2012(3).

之间的关系,由此构建了慈善管理体制的概念模型。①

　　美国哈佛商学院 Regina Herzhnger 教授认为,非营利组织的主要问题在于责任制(accoutability)。即非营利组织在商业经济领域中缺乏严格而强有力的责任机制,只有制定某些规制对其加以监督与管控,才能帮助其获得高效益和高效率。在此基础上她提出了著名的 DADS 法,即"披露(disclosure)—分析(allalysis)—发布(dissemination)—惩罚(sanction)"。DADS 法有效地提高了公众对慈善组织的信任,促进了慈善行业的健康发展。② Adrian 等则认为,网络的无门槛、开放性等特征,对私人信息的保密程度,网站内容的所具有的教育意义、参与性和互动性等因素都会影响到网络捐赠的效果。③

　　美国对慈善机构的监督机制是内部和外部整合的全面监管,内部监管主要是指组织的内部治理,包括组织章程规定的组织宗旨、董事会选举、部门设立、工作程序等。外部监管分为政府监管、行业监管和社会监管三个层次,这三个层次监督的内容各不相同。④ 美国通过科学、高效的内外结合的监管机制,为公益慈善事业打造了"玻璃口袋"。⑤ Salamon 则提出了"内部失灵"理论,认为公益慈善机构内部存在诸如慈善不足、家长作风、业余性、组织对象存在局限性之类的问题,这些问题的出现将导致公益慈善活动的效率低下以及难以提高公信力。⑥ Hacker 认为,公信力是慈善组织获得组织声誉、维持政府财政支持与免税地位、获取社会资助、吸引志愿者加入及其实现最终目

---

　　① Phillips, Susan D. Shining Light on Charities or Looking in the Wrong Place? Regulation-by-Transparency in Canada [J]. VOLUNTAS: International Journal of Voluntary and Nonprofit Organizations,2013,3:881-905.

　　② 里贾纳·E.赫兹琳杰.非营利组织管理[M].北京:中国人民大学出版社,2000.

　　③ Adrian Sargeant, Douglas C. West, Elaine Jay. The relational determinants of nonprofit Web site fundraising effectiveness: An exploratoty study[J]. Nonprofit Management and Leadership, 2007,18(2): 141-156.

　　④ 潘旦,徐永祥.国际比较视野下的慈善组织监管机制研究[J].华东理工大学学报(社会科学版),2015,30(01):94-101.

　　⑤ 高鉴国.美国慈善捐赠的外部监督机制对中国的启示[J].探索与争鸣,2010(07):67-70.

　　⑥ Lester M. Salamon, Helmut K. Anheier. Defining the Non-profit Sector: A Cross-national Analysis[M]. Manchester Uiversity Press, 1997:87.

标的必要前提。① Young 认为,慈善组织在享受网络所带来的好处时也在承受其带来的机遇与挑战,网络使得各方能够快速建立联系与信任关系,但是这种建立于虚拟空间的信任关系是非常脆弱的。在这种情况下,如何提高网络公益慈善的公信力是慈善组织必须面对的重要问题。②

5. 网络公益慈善的监管标准及其成效研究

在对英国和爱尔兰的慈善筹款监管手段比较分析之后,Breen O B 认为,不同国家和地区的慈善筹款规制的标准应该有所区别。③ 对中小规模的慈善机构而言,遵从规制的代价是个大问题,应该同大规模的慈善组织区别对待。④ 然而,差异化的监管标准也会导致许多严重的问题,尽管许多国家政府都建立了强制性的网络慈善信息披露制度,但是慈善组织网络提交的年度报告、财务报告、审计报告质量普遍不高,究其原因是因为缺乏统一的标准,加之政府监管部门受人力、财力的制约,难以对这些资料进行大规模的审查。⑤ 从社会关系的层面来看,信任指的是相信某人(或社团、组织等)预期行为的结果是适当的、合适的,并且是与其社会关系中固有的义务相一致的,这种带有义务性质的适当性结果是负载道德意义的。⑥ 在分析网络公益慈善捐赠的影响因素方面,Frumkin Kin 提出捐赠会受到组织的合法性、运作效率以及捐赠人对组织的信任度的影响。⑦

---

① Hacker D, Saxton G D, The Strategic Use of Information Technology by Nonprofit Organizations: Increasing Capacity and Untapped Potenial[J]. Public Administration Review, 2007, 67 (3):474-487.

② TeEniD, Young D R. The Changing Role of Nonprofits in the Network Economy [J]. Nonprofit & Voluntary Sector Quaterly, 2003, 32(3):397-414.

③ Breen O B. The Perks and Perils of Non-Statutory Fundraising Regulatory Regimes: An Anglo-Irish Perspective[J]. Voluntas International Journal of Voluntary & Nonprofit Organizations, 2012, 23 (3):763-790.

④ Carolyn Cordery. Regulating Small and Medium Charities: Does It Improve Transparency and Accountability? [J]. VOLUNTAS: International Journal of Voluntary and Nonprofit Organizations, 2013, 24(3):831-851.

⑤ Carolyn Cordery. Regulating Small and Medium Charities: Does It Improve Transparency and Accountability? [J]. VOLUNTAS: International Journal of Voluntary and Nonprofit Organizations, 2013, 24(3):831-851.

⑥ Barbra A. isztal, Trust in Modern Societies: The Search for the Bases of Social Order[J]. Cambridge: Polity Press, 1996:10-15.

⑦ Frumkin Kin. Strategic Positioning and the Financing of Nonprofit Organizations Is Efficiency Rewarde in the Contribution Marketplace[J]. Public Administration Review, 2001, 61(3):266-275.

安东尼·吉登斯指出,由于并非所有公益慈善组织或者慈善家都是专职从事公益的,不可避免地会产生利益冲突,为此政府应当适当而有效地监督和管理慈善行业、慈善行为,否则久而久之其就会表现得如大救星般的狂妄自大。[①] 里贾纳·E.赫茨琳杰教授通过对现实案例的分析,建立了四个步骤的监督模式,包括披露、分析、发布和惩罚。这一模式有利于促使慈善组织进一步提高公众的信任度,并推动慈善事业的健康发展。[②] 例如,在加拿大,慈善组织已经成为除政府、市场外的第三大组织,志愿者理事会对慈善组织进行统一管理,并共同签署了"加拿大政府与志愿部门联合倡议",以改善两者之间的关系,规定了双方的权利和义务,从而有助于完善政府的行政支持体系,增强慈善组织为公众服务的能力。[③] 在美国,慈善组织注册的选择具有多样性,慈善组织首先须向其所在州正式提交结社请求,然后从美国税务机关即美国联邦国税局获得慈善团体的身份,运营执照无需经过政府部门的批准。[④] 虽然一些国家已制定了网络公益慈善信息公开制度,但因缺乏统一的标准,以及政府监管部门的人力、财力资源有限,所以难以进行全面审查,致使慈善组织在网上提交资料的质量大部分偏低。[⑤] 但是,由于慈善组织利用网络进行信息披露能增加信息透明度,可以明显提高其募捐数额,这有效地提高了慈善组织主动披露慈善活动相关信息的积极性。[⑥]

6.规制、引领网络公益慈善健康发展的策略研究

通过比较世界各国慈善机构和政府之间的关系,纪德伦、克莱默等认为,慈善服务中慈善资金的募集与募集授权以及慈善服务的具体供给是必不可少的两个要素。基于上述两个关键要素,他们提出政府与慈善机构之间可能

---

① 安东尼·吉登斯.第三条道路:社会民主主义的复兴[M].郑戈,译.北京:北京大学出版社,2000:143.

② 里贾纳·E.赫茨琳杰.非营利组织管理[M].北京:中国人民大学出版社、哈佛商学院出版社,2000:109-130.

③ 孙倩.美国的慈善事业[J].社会,2003(06):54-55.

④ 田凯.非协调约束与组织运作——一个研究中国慈善组织与政府关系的理论框架[J].中国行政管理,2004(5):88-95.

⑤ Cordery C. Regulating Small and Medium Charities: Does It Improve Traansparency and Accountability? [J]. Voluntas International Journal of Voluntary & Nonprofit Organizations, 2013, 24(3):831-851.

⑥ Nah S, Saxton G D. Modeling the adoption and use of social media by nonprofit organizations [J]. New Media & Society, 2013,15(2):294-313.

存在的四种关系模式,即政府供给模式、慈善机构供给模式、慈善补充模式和两者协作模式。① 迈克尔·麦卡锡从扩张个人自由角度进行研究,提出国家不应当将其触角伸至社会的每一个角落,一旦国家过多干预社会福利建设,那么社会组织与个人就会减少这方面的工作,这将会增强个人对国家的依附感。② Susan D. Phillips 认为,网络公益慈善行为规制不仅仅是募捐监管,而且要构建越来越多公益慈善主体的自我管理与政府规制协作的互动调节机制,创立"善治"形态的公益募捐规制体制。③ 但这种新的慈善募捐自治与国家规制的格局是一直维持一种二重体制抑或演变成为一种混合的合作规制模式,仍是一个有待讨论的问题。经常使用互联网和社交媒体,不影响捐赠的一般倾向,而公众的慈善意愿和公益素养是影响"微公益"行为的关键要素,这为线下慈善文化的培育提供了印证。④ 除此之外,可以学习借鉴国外政府对公益组织的法律规制、经济规制和行业规制手段。日本 1998 年通过了《促进特定非营利活动法》(又称《非营利组织法》),2003 年 5 月开始实施修改后的新法。⑤ 依据英国《遗产税法》中有关免税和扣除的规定,对慈善捐赠、国家公益事业和以土地、建筑物、艺术品等财产为公共利益而作的捐赠免税。⑥ 在社会监督方面,美国的慈善机构行业协会、全国性行业协会(社团)的监督作用相对突出。例如,"美国基金会理事会""独立部门""董事会资源"等基金会、慈善服务机构、民间研究机构,能很好推动会员之间的信息共享、交流合作以及相互监督。⑦

(二)国内"微公益"规制问题研究综述

"微公益"作为一种新型互联网公益形态,在国内最早是由"多背一公斤"

---

① Benjamin Gidron, Ralph Kramer, L. M. Salamon. Government and the Third Sector[J]. San Francisco: Jossey-Bass Publishers, 1988,99-120

② Michael Mccarthy. The New Politics of Welfare: An Agenda for the 1990s[M]. SAGE Pulications,1989.

③ Susan D. Phillips. Canadian Leapfrog: From Regulating Charitable Fundraising to Co-Regulating Good Governance[J]. International Journal of Voluntary and Nonprofit Organizations, 2012(3).

④ Reddick Christopher G. , Ponomariov Branco. The Effect of Individuals' Organization Affiliation on Their Internet Donations, Nonprofit and Voluntary Sector Quarterly, 2013(6).

⑤ 郑功成. 中华慈善事业[M].广州:广东经济出版社,1999:136-157.

⑥ 王华春,周悦,崔炜.中外慈善事业的政府规制比较研究[J].山西大学学报(哲学社会科学版),2011,34(05):73-76.

⑦ 杨团,葛道顺.和谐社会与慈善事业[M].北京:社会科学文献出版社,2007:195-220.

的创建者余志海首先提出的。① 北京师范大学研究报告认为,从社会媒体视角看,新媒体技术是对中国公益事业发展产生最重要影响的因素之一。② 2011年,在公益慈善事业被网络问责揭露"郭美美事件"等一系列慈善丑闻之后,传统的官办慈善事业陷入了严重的公信力危机,而民间"微公益"借助新媒体的公开性、即时性、互动性等技术特征却迎来了发展的春天。③ 目前国内学界对"微公益"的研究尚处于起步阶段,主要关注集中在概念界定④、运行模式、传播机制、社会意义、发展困境及出路等方面的讨论。根据中国知网数据库截至2017年11月的检索结果,直接与"微公益""微慈善""网络募捐"等网络慈善政府监管有关讨论主要集中在如下几方面。

1. 政府规制的相关理论研究

政府规制,又称为政府管制,其来源于英文中"government regulation"一词。所谓规制,一般是指政府对公共事务进行治理的一种工具,特指公共权力机构对社会共同体的活动依法施加持续的管理与控制活动,政府规制主要分为经济性规制和社会性规制。⑤ 政府规制(government regulation)的概念在其诞生之初具有非常浓厚的经济意味,通常是指政府以克服市场失灵、最大程度实现社会福利,也就是实现"公共利益"为目的,利用国家强制性权力对微观经济主体进行直接的经济性控制或干预。⑥ 为此,国内学者有的主张,"政府规制指的是政府机构通过运用法律法规、行业规章以及制度等手段,对相关经济主体进行一系列管理和监督的行为"⑦;有学者也提出,政府规制是指"为实现某些社会或经济目标,运用法律法规和公共政策对微观经济主体的行为进行规范、限制或激励的行动或措施"⑧。此外,根据限制手段

　　① 谢家驹,余志海. 公益创业[M]. 香港:商务印书馆(香港)有限公司,2009:78.
　　② 北京师范大学中国公益研究院. 转型、变革与创新——2010 中国公益事业年度发展报告[EB/OL]. (2011-10-1)[2022-8-13]. http://www. bnu1. org /uploads/soft /RD/2010annualreport. df China Philanthropy Institute. Development Report on Philanthropy in China 2010. http://www. bnu1. org / uploads/ soft /RD/2010annualreport. pdf
　　③ 杨团. 中国慈善发展报告[R]. 北京:社会科学文献出版社,2011(04).
　　④ 谢家驹,余志海. 公益创业[M]. 香港:商务印书馆(香港)有限公司,2009:156.
　　⑤ 胡税根,翁列恩. 构建政府权力规制的公共治理模式[J]. 中国社会科学,2017(11):99-117.
　　⑥ 张红凤. 西方政府规制理论变迁的内在逻辑及其启示[J]. 教学与研究,2006,(5).
　　⑦ 王俊豪. 政府管制经济学导论[M]. 北京:商务印书馆,2001:1.
　　⑧ 韩中华. 西方政府规制理论的发展及启示[J]. 常熟理工学院学报,2010,24(3):36-39.

和方式的不同,政府规制可分为间接规制和直接规制。间接规制是指行政部门或具有立法权的机构通过条例规章、法律条文形式实施规制行为;直接规制则是行政部门对各主体市场准入、定价、经营场所等进行直接干预的规制行为。① 樊纲把政府规制界定为政府为限制和调控私人经济部门的活动而建立的某种规制或规定,比如价格规制、数量规制或经营许可等等。② 李郁芳指出,政府规制是政府部门依据相关法律法规,对企业的市场行为实施的外部干预,有时也包括一般的社会公共机构和组织,其目的是治理"市场失灵"或克服忽视社会利益的私人决策。③ 学者刘小兵认为,政府规制之所以存在,是因为市场存在缺陷,如自然垄断、负外部性、正外部性和信息不对称等缺陷,但这些缺陷并不构成政府规制的充分条件,只是为政府规制提供了一种可能,而最终是否需要政府规制,需要经过仔细地比较政府管与不管的效果方可确定。④ "规制改革"主要指通过明晰规则、合理配置公权力、有效行使公权力,解决传统规制低效率、不透明、高风险的问题。⑤

2. 网络慈善相关研究

中国文化中的慈善多与人的"仁慈"之心相关联,认为传统意义上慈善意识的源泉是来自以善良和同情心为核心的"道德情感"。⑥ "慈善"一词有广义与狭义之分。狭义的慈善是指对人关爱而有同情心,更多是指扶贫济困、帮助穷人。而广义的慈善不仅包括扶贫济困,也包括增加人类福祉的行为。⑦ 网络慈善是一个不断发展的动态过程,它以慈善信息资源的开发和利用为核心,旨在修正和完善慈善业务流程来提高服务。⑧ 特别像新媒体使用故事化叙事、视觉化冲击、链条式推送和迭代更新等策略让受众关注慈善事件,而新媒体慈善平台提供的无障碍参与、深度参与和联动参与,激发了人们参与慈善活动的激情和主动性。⑨ 近年来,基于网络的慈善家和慈善联盟层

① 苏东水.产业经济学[M].北京:高等教育出版社,2000:384-391.
② 樊纲.市场机制与经济效率[M].上海:上海三联书店,1995:173.
③ 李郁芳.体制转轨时期的政府微观规制行为[M].北京:经济科学出版社,2002:48.
④ 刘小兵.政府管制的经济分析[M].上海:上海财经大学出版社,2004:89.
⑤ 刘水林.论政府规制的目标及实现方式[J].兰州学刊,2016(2):108-114.
⑥ 陈东利.论慈善意识的本质特征[J].学术界,2016(7):66-76.
⑦ 郑功成,张奇林,许飞琼.中华慈善事业[M].广州:广东经济出版社,1999.
⑧ 李建,林志刚,彭建梅.网络慈善[M].北京:企业管理出版社,2012:2.
⑨ 陈志强.互联网思维与新媒体慈善活动[J].学术交流,2015(10):210-214.

出不穷,在网民和网络支付工具逐步普及的情境下,公众慈善行为与传统慈善相比产生较大变化,互联网正在传播一种日常、轻松、愉快的慈善捐助思维,构建一个自由、简易、便捷的慈善募捐平台。① 姜卓然认为,现代网络慈善事业的主体包括网民、社会组织和政府,他们利用互联网平台提供的技术支持,使慈善活动有序开展,借助网络突破传统慈善的时间和空间的局限,塑造更为满足公众救助需求的慈善方式。②

网络慈善经历了个案型网络慈善、网络慈善组织、慈善组织网络普及化三个发展阶段,具有新旧媒体融合性、便捷性、高效性和公开性等特性。③ 网络社会的出现使人类社会显现出一种新的发展状态,同时也塑造了一种全新的网络互动形式,带来了社会资源的网络动员模式。④ 借助移动互联网和新媒体技术,网络慈善对传统慈善格局产生了巨大的冲击,比如改变了慈善组织的生态环境、推动慈善组织进行内部治理改革并促使慈善组织重建公信力。⑤ 网络动员是一种社会动员,它为达到预期的目标,利用互联网平台作为发布和传播信息的媒介,来影响网络相关主体。⑥ 网络慈善充分利用了互联网传播覆盖面广、传播主体多元化、传播方式多样化以及传播关系交互性等特点,对促进我国募捐市场的充分竞争产生积极作用,进而推进行业的优胜劣汰与健康发展,实现资源的有效配置。⑦ 事实上,网络公益慈善传播的盛行源于 2008 年汶川大地震,互联网在灾后救援、善款募集方面发挥了巨大的作用。"现实生活中的人际关系与行为互动,在网络社区中也同样会发生,而且,由于网络社会的特定情境,网络社会的利他行为出现频率会高于日常生活的利社会行为。"⑧

网络慈善的类型主要有"网络自发型""企业倡导型""慈善组织主导型"这三类。"网络自发型"网络慈善的开展有赖于主观层面的人的情感和客观

---

① 张作为.网络慈善募捐模式构建与实施[J].北方经济,2011(4):31-34.
② 姜卓然.我国网络慈善可行性分析[D].哈尔滨:黑龙江大学,2018.
③ 谢青霞,谢晓晖.我国核能开发利用安全保障法律问题研究综述[J].长春工程学院学报(社会科学版).2014(1).
④ 柯凤华.网络募捐的规范化研究[D].广州:暨南大学,2008.
⑤ 刘秀秀.互联网对官办慈善组织的互构式影响及其边界[J].国家行政学院学报,2017(4):67-72.
⑥ 章友德,周松青资源动员与网络中的民间救助[J].社会,2007(27).
⑦ 汪丹.我国网络慈善事业的可持续发展研究[J].社会工作,2014(06):91-98.
⑧ 郭玉锦,王欢.网络社会学[M].北京:中国人民大学出版社,2005:148.

层面的网络手段,具体表现为公众的爱心善意和便捷的网络载体。^①"企业倡导型"网络慈善的筹资机制原则上分为"自我筹资型"和"公共筹资型"两种,前者的资源筹集完全依靠企业内部完成,具体由企业内部策划部门科学决定本企业的网络慈善筹资项目与筹资额度,并实行自我运营管理,后者利用网络募捐平台向公众筹资,能为慈善项目筹集更多的资源。^②"慈善组织主导型"网络慈善存在两种类型,第一种是由民间网络慈善组织自主开展的慈善活动,第二种是由官方或半官方的慈善组织通过网络平台开展的慈善活动。^③ 南都公益基金会理事长徐永光认为,中国正在步入人人公益的时代,尤其是近年来在移动互联网的推动下,慈善事业的发展发生跳跃式变革,我们应该以极大的热情来迎接互联网给我国慈善事业带来的机遇。^④

3.政府监管、引导网络公益慈善的必要性研究

随着网络慈善进入"固定入口、统一监管"的时代,网络慈善平台应该确保慈善组织及求助者提供的相关资料的真实性,明确善款的使用和去向,并强制其提交详细报告,开通查询平台,便于参与网络慈善的网民随时查询。^⑤与传统公益慈善相比,网络慈善低廉、高效、互动性强,存在明显优势,但与此同时,其预警机制缺乏、制度不规范、法律监督薄弱等缺陷也逐渐显现出来,公众对虚拟网络发起的慈善活动存在戒备和顾虑。^⑥ 网络慈善活动中资源分配不合理、财务未公开、诈骗之类的问题屡见不鲜,^⑦因而加强网络募捐监管、构建一套行之有效的监管机制势在必行。^⑧ 基于 Web 2.0 技术支持的民

① 汪国华,张晓光.中国网络慈善运作模式比较研究[J].社会科学研究,2014(03):104-110.
② 汪国华,张晓光.中国网络慈善运作模式比较研究[J].社会科学研究,2014(03):104-110.
③ 汪国华,张晓光.中国网络慈善运作模式比较研究[J].社会科学研究,2014(03):104-110.
④ 王燕.2015年度中国慈善公益盘点:网络颠覆公益时代,慈善公益报[EB/OL].(2016-01-08)[2016-09-05].http://news.xinhuanet.com/gongyi/2016-01/08/c-128609898.htm.
⑤ 周婵,李媛荣,刘思祺.规制网络慈善的现实困境与突破方向——以"罗尔事件"为例[J].新闻前哨,2017(01):45-47.
⑥ 周婵,李媛荣,刘思祺.规制网络慈善的现实困境与突破方向——以"罗尔事件"为例[J].新闻前哨,2017(01):45-47.
⑦ 张北坪.大学生"网络求助":时尚背后的困境——以某大每学生"卖身救母"事件为例[J].青年研究,2006(11):11-17.
⑧ 覃青作.网络公益行为的政府管理研究[D].南宁:广西民族大学,2012.

间"微公益"作为新型的网络慈善形态,同样存在着公益欺诈、^①合法性缺失、^②专业性较差、公开透明程度低^③持续性不强、营销能力薄弱^④等问题,这不仅需要"微公益"发起人(草根组织)成立机构或安排人员进行规范化管理,还需要政府制定、完善相应的法律制度加以规范。^⑤ 对于较为普遍的"微公益"救助项目要将其纳入政府的公共政策过程。^⑥ 刘亚娜指出,在公益慈善事业中政府应该发挥监督职能,以确保法律规制的有效落实,而不应该作为组织运营和介入的行为主体。^⑦ 蔡人俊认为,借鉴其他国家的相关举措很有必要,重点要关注慈善公益组织在设立后的管理和监督,加强政府对慈善公益组织的监管,尤其是强化对慈善组织税收和财务的监督力度。^⑧ 一方面,在管理非营利的公益组织的过程中,鉴于对成本的考量,政府会相对地减少对组织的实际或是直接的干预和管制。另一方面,非营利组织会积极地寻求政府的有效监管,以加强自身的持续发展。^⑨ 于水、杨华锋认为,与市场组织相比,若慈善组织具有的最主要的特性是非营利性,那么,慈善组织的最基本的伦理价值取向就是公益性。尽管中国的慈善行业处于萌芽阶段,但是随着慈善行业的发展,部分慈善组织的行为就逐渐偏离了轨道,只有通过引导建立起慈善行业道德伦理规范、健全监督管理制度,慈善部门才能够弥补市场和政府失灵。^⑩ 傅蓉认为,针对目前网络公益监管方面存在的问题,我们应该构建以独立监管机构为指导、网络监管系统为目的,以行业监督、媒体监督和民众监督为补充的全方位监管体系。^⑪ 陈婉璇认为,网络慈善募捐最重要也是最有效的监管主体就是政府,因此,政府需要承担起更多的引导、规范、

---

① 李颖.网络救助活动开启新公益时代[J].政府法制,2010(12):48-49.
② 何霞.困境与超越:民间微公益项目合法性问题研究[J].青年探索,2015(01):36-43.
③ 于建嵘.一名学者眼中的社会公益[J].杭州(周刊),2012(10):52-53.
④ 果佳,阚萍,马梦溪.从"格桑花"危机透视中国网络慈善组织的可持续发展问题[J].中国行政管理,2012(11).
⑤ 刘晋海."网上救助"折射尴尬的中国民间慈善[J].今传媒,2009(05):68-69.
⑥ 王振耀.我国公益慈善事业的转型与挑战[N].人民日报,2013-05-12(07).
⑦ 刘亚娜.我国慈善事业发展中的政府作用分析——基于中美比较的借鉴与启示[J].中国行政管理,2008(08):91-95.
⑧ 蔡人俊.捷克的慈善法律制度[J].法制与社会,2012(02):29-30.
⑨ 张玲玲.慈善组织公信力重塑的政府监管机制研究[D].青岛:青岛大学,2014.
⑩ 于水,杨华锋.公共性视角下我国非营利组织行为异化问题研究[J].江汉论坛,2008(12):39-42.
⑪ 傅蓉.网络公益传播的法治与监管研究[J].出版广角,2017(14):37-39.

约束等职责,为网络募捐营造良好的外部环境,引导和激发更多监管主体参与到网络募捐行为中,并对网络募捐平台和组织开展第三方监管与评估,从而确保网络募捐行为的规范性。[1] 政府在公共秩序中扮演的是维护者的角色,其发挥职能作用旨在对社会法治秩序和道德秩序进行维护,对网络公益募捐存在的潜在风险进行预警,发挥行政作用对已经产生危害的网络公益募捐行为加以管控,预防由此引发的更大的社会不安定因素。[2] 政府对慈善事业的监管决定着慈善组织操作的规范性、有序性,决定着慈善在社会中的公信度,进而对慈善事业的长期、健康发展产生重要影响。[3] 为了确保慈善组织的业务活动不偏离慈善目标,以弥补因"政府失灵"而导致的公共服务缺乏,必须建立完善的监督机制。[4] 政府加强网络慈善的治理,通过科学创新的手段,使网络慈善信息对接便捷,形式多样,同时宣传和引导公益思想,扩大网络慈善的群众基础,这无疑有助于网络慈善的高效发展。[5]

4.“微公益”行为规制手段研究

良好的制度环境是网络慈善的发展和良性运行必不可少的保障。[6] 我国已经颁布了一系列的法规来规范传统公益慈善行为,比如《基金会管理办法》(1988)、《社团登记管理条例》(1998)、《公益事业捐赠法》(1999)、《基金会管理条例》(2004)、《救灾捐赠管理办法》(2008)等。然而,目前我国针对网络慈善捐助监管的法律规范则近乎空白。[7] 对此,我国应健全现行的公益事业捐赠法,并立足于此,针对社会筹资制定和完善专门性的法律法规,紧密联系网络时代的最新特征,对捐赠者的捐赠权利、条件以及资格进行审核。[8] 同时,应重视网络慈善平台出现的公信力缺失的问题。公信力关系到慈善组织

---

① 陈婉璇.论个人网络募捐的法律规制[J].法制博览,2017(01):51-53.
② 黎慈,赵雪琪,凡宇,何欢,单箫箫.论政府监管网络公益众筹平台的困境与应对[J].法制与经济,2019(03):40-42.
③ 孙喆.对中国慈善事业发展问题的思考[J].人口与经济,2007(S1):130-131.
④ 汪国华,张晓光.中国网络慈善运作模式比较研究[J].社会科学研究,2014(03):104-110.
⑤ 王钰栋.我国政府网络慈善的治理研究[J].智库时代,2019(48):11-12.
⑥ 郑功成.中国社会保障改革与发展战略·救助与福利卷[M].北京:人民出版社,2011:88.
⑦ 郑功成.中国慈善事业的发展与方向[J].北京观察,2006(11):27-29.
⑧ 章玲玲.从“小凤雅”事件谈网络募捐法律监管的完善[J].吉林广播电视大学学报,2019(03):120-121.

赢得公众信任的影响力与号召力,是慈善组织行为能力的积淀,[①]它体现了慈善组织的透明度、信誉度和影响力。[②] 在 2011 年网络问责引发的一系列慈善丑闻事件之后,为了应对危机、重塑慈善行业的公信力,微博、网站、论坛等"微公益"平台开始成为政府、慈善组织、行业组织、公众等进行慈善网络监管的重要工具,[③]对新媒体用户构成骚扰的恶意劝捐会被查封账号。[④] 相关网络监督部门,需要通过重点约谈等举措,督促平台建立健全行业规制并予以公开。对于违反行业规制的平台,直接拉入黑名单,并予以公示,并且不再通过其相关资格审查。[⑤]

　　网络慈善事业持续发展最基本的要件是培育公众网络慈善理念和增强网络道德素质。部分学者主张在线围观公募基金会,认为这有利于弘扬我国慈善公益文化,提高公民社会责任意识,重塑和提振中国慈善事业的公信力。[⑥] 盛会认为,公信力的高低对于公众参与网络募捐的意愿产生重要影响,若是没有建立起良好的慈善公信力,网络募捐动员能力将会大大降低,反之公信力的提高将会加强公众的信任感,并提高参与的可能性。[⑦] 陈东利将慈善组织面临的公信力危机总结归纳为以下四个原因,即慈善法规不足使慈善组织失范、"官办"慈善机构缺乏有效监管、"民间"慈善机构缺乏合法地位以及信息不透明使慈善组织备受质疑。[⑧] 慈善文化在中国受历史传统和当代政治经济背景的影响而缺少生长的土壤,长期以来传统国家治理中"大政府"的角色承担起了大部分的社会福利工作,而民间社会中人际关系的差序格局以亲疏关系为核心,通过强关系实现帮扶互助,贫富差距和文化缺位更

①　黄静文.网络慈善失范现象及其治理[D].成都:西南政法大学,2018.
②　王心.网络公益慈善传播研究[D].西安:西北大学,2010.
③　袁同成,沈宫阁.新媒体与"善治"的可能——基于中外网络慈善监管的比较研究[J].甘肃社会科学,2014(03):118-121.
④　褚蓥.网络募捐应该怎么管[N].中国青年报,2015-08-19(005).
⑤　周婵,李媛荣,刘思祺.规制网络慈善的现实困境与突破方向——以"罗尔事件"为例[J].新闻前哨,2017(01):45-47.
⑥　施昌奎.网络围观公募基金会的形成机理与作用分析[J].经济界,2012(03):70-75.
⑦　盛会.用制度规范化解网络募捐的诚信危机[N].民主与法制时报,2015-11-10(002).
⑧　陈东利.论中国慈善组织的公信力危机与路径选择[J].河北师范大学学报(哲学社会科学版),2012,35(01):23-27.

是导致广大群众的公益参与能力不足,进而也对全民公益有所影响。① 邹世允指出,如果想要提升公益组织的透明度,为了使慈善项目的运行和发展有效地暴露于公众的视野,有必要建立一个包括政府、慈善捐助者、第三方慈善监督机构和社会公众等多方主体在内的综合监督体系,②即由相关专业人士组成独立的评估机构,通过统一的评估系统,客观、系统地分析和评估慈善活动的成本和收益,并对筹得善款的流向及相关使用情况进行追踪和评估,以达到有效、合理配置慈善资源的目的,有利于慈善捐助者清楚了解自己的捐赠是否让真正有需求的人得到了帮助,同时有利于让不作为或非法作为的慈善组织公之于众。③ 陈萌认为,微博降低了公众参与公益的门槛,激发了公众参与公益活动的热情,提高了公益活动传播的效率,尤其是微博核裂式的传播特点,可以使公益信息被不断转发,产生围观效应,实现大范围的传播效果。④ 在监督管理方面,郑伟提出"互联网+慈善"的创新模式,提供了解决公益慈善事业信息公开问题的全新思路,以网络平台为媒介,公益慈善的各个环节被曝光在网络世界的"阳光"之下,无疑有利于公益慈善机构公信力的提高和机构运作效率的提升。⑤ 我国现行的对慈善公益的监管模式主要是由政府牵头,通过审计等各政府部门的合作监管来实现。其实,若想更大程度地发动广大网民参与网络公益的热心,应该最大限度地发挥社会公众和媒体的作用。⑥ 例如,加强社会监督,充分调动广大群众的积极性,鼓励广泛参与;建立第三方评估部门,制定合理的评估标准,定期对网络慈善组织或活动进行评估,使其保持先进性。⑦

5."微公益"行为规制的困境研究

在"微公益"行为的法律规制层面,由于我国网络募捐行政监管的相关立

① 张叶晔."互联网+"背景下中国公益慈善事业发展路径探析[J].科技经济导刊,2019,27(30):194-195.
② 邹世允,吴宝宁.扩大我国慈善透明度研究[J].财经问题研究,2012(02):15-20.
③ 民政部政策法规司.中国慈善立法课题研究报告选编[M].北京:中国社会出版社,2009:37.
④ 陈萌.对我国微博公益平台的思考[J].新闻世界,2012(02):52-53.
⑤ 郑伟.互联网慈善运行模式及监督机制研究[J].赤峰学院学报(汉文哲学社会科学版),2016,37(04):91-92.
⑥ 刘文廷.从"罗一笑"事件看我国个人网络募捐立法问题[J].攀枝花学院学报,2017,34(S1):4-6.
⑦ 刘苗苗,田伟.当前我国网络慈善存在的问题与对策——以"罗尔事件"为例[J].河北企业,2018(02):9-10.

法缺失,导致监管主体、监管标准、监管手段和监管目标都不明确[1];在政府行政规制层面,有关"微公益"监管的立法空白,致使政府的行政规制无法可依,其他社会主体的监督权利也无法保障落实[2];行政法律体系还未建立起来,立法的速度难以跟上网络慈善发展中出现问题的速度,我国不少学者逐渐发现,中国公益慈善事业的持续发展已经受到立法的滞后性的严重制约。[3] 徐舒宁和陈为旭认为,《慈善法》的出台是网络慈善活动有序开展的重要保障,有利于激发其活力,规范"互联网+慈善"模式的运行方式与开展形式,但与此同时它也对"互联网+慈善"模式带来了挑战,尤其是对政府在技术水平与管理能力方面带来巨大挑战。[4] 特别是中国的慈善部门的监管严重依赖国家倡议,存在对慈善捐款的监管支持不足以及与冲突有关的规范和透明度不足的问题。[5]

网络慈善组织的公信力低下问题也是目前的主要困境之一。网络慈善组织的募捐信息的透明度相对较低,尚未建立起完善的善款流向披露机制、信息公开制度与反馈制度。[6] 在规制技术手段运用层面,"微公益"发起人、政府、社会公众等对官方网站、微博、微信、网银等多种新媒体技术和金融工具的运用能力不足。[7] 潘乾、尹奎杰认为,慈善组织的监管主体权责不清,法律法规也没有规定各监管部门的具体权力及所应承担的职责,这就导致各监管部门难免相互推诿,监管效率必然低下。[8] 涂诗卉指出,微博的诞生为发展公益事业提供了新的平台,受众的主体意识和责任意识越加强烈,而公共监督成为"微公益"的新困境。[9] 作为调整网络慈善募捐的基本法,《慈善法》规定民政部和相关部门对网络慈善募捐平台进行领导和管理,但具体到权限

---

① 桑小敏.我国网络募捐行政监管法律制度的缺失与构建[D].南京:南京航空航天大学,2013.

② 杨钊."微公益"的缘起、问题及发展建议研究[J].发展研究,2013(11):113-115.

③ 郑功成.当代中国慈善事业[M].北京:人民出版社,2010:256-258.

④ 徐舒宁,陈为旭.《慈善法》视阈下"互联网+慈善"模式探究[J].行政与法,2016(11):62-67.

⑤ Bies A, Kennedy S. The State and the State of the Art on Philanthropy in China[J]. International Journal of Voluntary and Nonprofit Organizations, 2019(30):619-633.

⑥ 汪丹.我国网络慈善事业的可持续发展研究[J].社会工作,2014(06):91-98.

⑦ 秦舒莹.网络草根公益组织面临的困境及出路[J].社团管理研究,2012(06):31-34.

⑧ 潘乾,尹奎杰.英国慈善组织监管法律制度及其借鉴[J].行政论坛,2014,21(01):96-100.

⑨ 涂诗卉.浅析微博时代的公益发展契机——以新浪微博公益模式为例[J].新闻世界,2011(07):128-129.

界定、责任分担、内部分工等则尚未明确，①在此背景下，就会遇到职责交叉的问题。此外，政府尚未构建起对慈善公益组织有效的监督机制，比如缺少特定机构专门监管和指导慈善公益组织的运营、筹得善款的使用等。② 王可循通过对构建的成本收益简易模型进行研究，发现政府对微公益的规制不仅仅是要发挥政府的主导作用，还应该调动社会参与的积极性，联合多方力量共同构建合作参与型规制模型。③ 张书明则提出，互联网公益慈善在法律根源、救助主体确定的程序与办法、信息可信度、救助标准和救助实现程度等诸多方面存在问题，所以有必要以网络公益慈善的目标定位与实际问题为切入点，探究规制举措，通过完善法律法规、完善审批管理相关程序、建立相应的监督与评价机制，加强对网络公益慈善的监督管理，促进慈善事业的可持续发展。④《2011 中国公益事业年度发展报告》同样指出，"中国网络劝募的发展最大限制在于网络劝募主体资格的认定"。⑤ 尽管慈善组织开始在新媒体平台上进行信息公开，提高透明度，而且通过网上银行、网络商务平台等开展募捐活动，但是还普遍存在着重公开、重募款、轻互动、轻整合等问题。⑥ 截至目前，尚不明确政府与特定监管部门的监管、慈善组织内部监督、行业自律以及社会舆论监督在网络慈善的监管过程中所处地位、扮演的角色、发挥的作用；慈善组织内部自律机制也有待健全与完善。⑦ 为此，"互联网＋"时代的新慈善事业体系既要有完善的监管机制，又不能像传统官办慈善那样受到过多的行政化制约，这需要大众网络慈善理念和慈善文化的传播，更需要实践经验来推动网络慈善参与方式的革新。⑧

---

① 史敬龙.我国网络公益众筹平台的法律规制研究[D].乌鲁木齐:新疆大学,2018.
② 李迎生.慈善公益事业的公信力建设论析[J].中共中央党校学报,2015,19(06):85-92.
③ 王可循."微慈善"的政府规制研究[D].上海:东华大学,2015.
④ 张书明.关于网络募捐的监管问题[J].山东师范大学学报(人文社会科学版),2007,52(04):139-142.
⑤ 北京师范大学中国公益研究院.走向现代慈善:2011 中国公益事业年度发展报告[M].北京:北京师范大学出版社.2012.
⑥ 袁同成,沈宫阁.新媒体与"善治"的可能——基于中外网络慈善监管的比较研究.[J].甘肃社会科学,2014(3).
⑦ 汪丹.我国网络慈善事业的可持续发展研究[J].社会工作,2014(06):91-98.
⑧ 张叶晔."互联网＋"背景下中国公益慈善事业发展路径探析[J].科技经济导刊,2019,27(30):194-195.

6. 规制、引领网络公益慈善健康发展的策略研究

法律规制层面要加快《慈善法》等立法进程，建立完善的法律体系，[①]鼓励"微公益"走上法治化的道路；[②]目前行政法尚未形成对网络慈善组织的法律规制体系，尽管我国有关网络慈善组织的条例较多，但立法层次不高，可操作性不强，各项法律法规在实施细则上也存在一定的冲突。[③] 具言之，郭枫主张，政府应该通过完善法律、构建机制、加强善款账务管理和保护隐私权等来优化和改善政府对网络慈善的管理现状。[④] 行政规制层面要革新网络募捐行政监管的理念与原则，[⑤]改进监管方式，加强对网络募捐的审批和管理，保障网络募捐的真实性，建立网络募捐的评估机制和慈善资源共享系统；[⑥]社会监督和社会支持层面要发挥公众、志愿者、公益组织、新媒体等社会主体力量的监督作用，[⑦]加强对网络意见领袖的引导。[⑧] 此外，为保证"微公益"捐助信息的真实性、有效性，比较有争议的微博等新媒体实名认证制被越来越多的学者所认可。[⑨] 网络慈善组织要加强自身建设，制定自身组织发展战略规划，提高网络募捐动员能力，健全善款流向公示制度，严密组织治理结构，有效管理组织人力资源，最重要的是提高组织财务管理能力和组织公信力。[⑩] 特别是以政府为主导、联合多个主体，运用互联网、大数据、云计算等信息技术建立统一的网络慈善信息披露公共信息平台，将各地慈善组织信息、活动信息、求助信息整合到该平台并公开，设立举报、投诉渠道以接受公众的监督，保障公民的知情权与监督权，促进网络慈善规范化发展。[⑪] 石国亮指出，对于公益慈善组织，第三方独立监督评估机构具有独立监督的优势，

① 桑小敏. 我国网络募捐行政监管法律制度的缺失与构建[D]. 南京：南京航空航天大学，2013.
② 李迎生. 慈善公益事业的公信力建设论析[J]. 中共中央党校学报，2015，19(06)：85-92.
③ 周健一. 我国慈善组织行政法规制改革研究[D]. 武汉：湖北大学，2014：18.
④ 郭枫，邵亚雄，高磊. 从网络公益组织看中国"草根"非政府组织的合法性问题[J]. 法制与社会，2011(03)：167-168.
⑤ 敖向姣. "微公益"成长中的政府引导研究[D]. 南京：南京大学，2012.
⑥ 王嫣. 我国网络公益的发展困境及其解决对策研究[D]. 武汉：华中科技大学，2012.
⑦ 杨钊. 行政改革"微创新"的机理与路径优化[J]. 重庆社会科学，2014(02)：20-24.
⑧ 毕素华. 网络民权社会与公共慈善精神的培育[J]. 理论探讨，2013(06)：168-172.
⑨ 王娟，陈海静. 自媒体时代民间微公益现状及发展[J]. 科技广场，2014(11)：196-200.
⑩ 汪丹，于立平. 网络募捐：时尚背后的困境——以宁波市为例[J]. 宁波大学学报(人文科学版)，2014，27(04)：122-126.
⑪ 冯春，黄静文. 网络慈善失范现象及其治理[J]. 贵州财经大学学报，2019(05)：102-110.

发挥着举足轻重的作用,其可以因此加入包括政府监管、公众监督的公益慈善组织的外部监管体系。① 盛夏则认为,微博意见领袖的敏锐嗅觉、聚合能力和创新意识,可以将一个"微公益"话题迅速强化并推向高潮,进入公共议程的领域。② 姚剑健指出,美国慈善组织属于政府部门及非政府机构的保护对象,并可以享受政府给予的税收待遇,他以美国作为比较对象,着眼于市场经济的发展、传统慈善价值观的恢复以及慈善行业管理的规范化,指出我国的慈善事业迎来了极为有利的发展机遇。③ 孙萍、吕志娟认为,我国政府在公益事业的社团管理、财政支持、人力资源管理及筹资方式层面产生了角色错位。例如,政府作为行政机构,在公益事业发展中应扮演监督者、引导者和调控者,对其进行规范和引导,而不应当扮演领导者、组织者和管理者,发挥主导作用。因此,她们主张,我国借鉴发达国家在公益事业方面的经验,以定位我国各级政府在公益事业中应扮演的角色。④ 不可否认,法律规范与监管得到完善,网络募捐信息平台负起确保慈善活动真实性的责任,有利于提高社会公众对平台与活动的信任,有效避免网络骗捐、诈捐等事件的发生,极大改善目前网络慈善活动公信力低的现状。⑤ 今后政府应该放松管制,推动政府部门、社会组织以及个人之间的良性互动,完善我国的社会结构,"个人作为公民应有的品性、能力与资质才得以形成"。⑥ 总之,在网络慈善时代,有效规避网络骗捐、诈捐事件的屡屡发生,重塑社会信任成为亟待解决的社会问题,而政府作为社会公共事务的管理者与公共利益的保护者,有责任对网络慈善活动进行引导与监管,要构建完善的网络慈善发展体系,联合多方主体,规范各方行为,创造良好的网络慈善发展环境,推进"互联网+"时代下慈善事业的健康、可持续发展。⑦

---

① 石国亮.慈善组织公信力重塑过程中第三方评估机制研究[J].中国行政管理,2012(09):64-70.

② 盛夏.微博"蝴蝶效应"的勃发与流变——以"免费午餐"公益慈善项目为例[J].青年记者,2012(7):80-81.

③ 姚剑建.美国慈善事业的现状分析:一种比较视角[J].上海交通大学学报(哲学社会科学版),2003,(1):13-18,47

④ 孙萍,吕志娟.慈善事业发展中的政府角色定位[J].中州学刊,2006,(2):115-117.

⑤ 张茉.公信力视角下中国网络慈善平台的法律规制[J].河北企业,2016(12):146-147.

⑥ 许纪霖.共和、社群与公民[M].南京:江苏人民出版社,2004:253.

⑦ 冯春,黄静文.网络慈善失范现象及其治理[J].贵州财经大学学报,2019(05):102-110.

(三)国内外"微公益"研究评析

综观国内外政府规制的相关研究,国外学者对"微公益"等网络慈善活动的规制研究已经比较深入、系统,研究视角上新近提出了公益慈善主体自我管理与政府规制协作的复合规制架构,研究方法上开展了多案例的和跨国别的实证研究,这对我国"微公益"行为的政府规制有一定借鉴意义。但限于我国"微公益"运行的政治环境、社会条件与国外有着巨大的差异,其有关"微公益"等网络慈善行为的规制研究不能直接为国内民间"微公益"行为的规制提供理论支持。我国的规制理论研究的开展借鉴了西方国家的研究成果。虽然由于经济制度不同、应用领域不同,不同国家采用不同的规制方式,国内已有的开创性研究还不够系统、全面,研究视角上仍主张单一主体的碎片化监管,研究方法上也未开展多案例比较研究和实证分析,但却为今后开展"微公益"行为规制问题的研究奠定了基础。

然而,在今后民间"微公益"活动将呈现出爆发式增长的发展趋势下,"微公益"活动中迟迟不能解决的相关立法空白、政府规制缺位、社会监督力量薄弱、自治能力低下等问题日益凸显。政府必须深入到民间"微公益"行为失范的发生机理层面深刻认识、理解民间"微公益"行为的政府规制问题,不只是从法律上、政策上进行监管、控制,更重要的是要从跨界合作治理的视角整合参与民间"微公益"行动的多方资源,引导、扶持其所代表的社会力量不断成长壮大,借以推进政府治理转型和民间"微公益"成长的相互增权,形成政府治理与社会自我调节之间的良性互动格局,进而才能在推动民间"微公益"规范运作、健康成长问题上取得实质性突破。

三、研究方法

(一)文献研究法

为全面、系统地掌握当前国内外学界有关"微公益"、网络慈善、网络公益慈善行为失范及其政府规制的政策实践和研究状况,本书运用文献研究法,通过政府网站、图书馆数据库、国内外网络公益慈善网站等途径,收集、整理、归纳和分析具有代表性的政策法规、研究著作、期刊论文、"微公益"案例及新闻报道等素材,为此项研究提供充分的素材支撑。通过深入阅读、分析和梳理国内外相关文献资料,对国内外最新研究动态做了全面追踪,从而准确地定位研究的核心问题、研究目标和切入点,并在政府规制理论的基础上融入跨界合作治理理论,从而构建出民间"微公益"行为失范问题跨界合作治理分析框架,为研究提供扎实的学理依据。

(二)制度分析法

通过对国内外有关政策法规进行归纳梳理,基于各种相关政策文件的条款内容,深入发掘国内有关公益慈善事业政府规制的政策法规及其相互间的内在关系,进而剖析网络公益相关的法律问题,以期提供充分的法规制度依据来解决我国民间"微公益"的行为失范问题,并借机推动相关立法的进一步完善,为民间"微公益"后续发展的政府规制与引导提供法规创设依据和对策建议。

(三)访谈法和参与式观察法

选取"微博打拐""免费午餐""大爱清尘""多背一公斤""鲁若晴捐助""知乎女神事件""蒋佳事件""陈易卖身救母""山西脑瘤少女郭小娟""中国最'美'乡村女教师"等知名民间"微公益"行动的典型样本,分别对相关利益主体进行团体焦点访谈和个体深度访谈,并参与部分样本组织的公益活动,以充分获取第一手的研究素材和数据,进而采用质性研究法深入分析民间"微公益"行动内部自治、政府规制和社会志愿监督对其规范运行、健康成长的作用机理及其影响程度。

(四)多案例比较分析法

从民间"微公益"行为过程中可能出现的问题入手,分析和比较多个"微公益"行为失范的典型案例,总结各案例存在的共性和个性问题,剖析民间"微公益"行为失范的深层原因,以期弥补我国当前对于"微公益"行为失范政府规制领域理论研究的不足,并为我国政府部门在具体政策实践中规制"微公益"失范行为提供一定的理论指导,最终在发掘民间"微公益"行为失范的各种影响因素的基础上,为民间"微公益"行为失范跨界合作规制体系的构建提供学理支撑。

四、研究内容

近年来,传统的公益组织爆发了许多贪污丑闻,造成社会公众对公益参与的恐慌,因此,传统公益组织出现了极大的公信力危机,有些陷入了一蹶不振的境地。加之,传统社会公益模式的参与门槛高、参与程序复杂,将许多有善心的人士拒之门外,从而使得一部分困难人群不能及时得到帮助。与之相对的,随着万维网技术快速发展,通过 Web 2.0 平台汇聚网民的微力量发展起来的"微公益",凭借着独特的草根性、互动性特点,不仅降低了公众参与公益活动的成本,还改变了公益参与的机制,提升了公民的社会责任感。这无疑掀起了一场"微革命",为我国公益事业的发展注入了一股全新的力量。但是,目前我国"强政府、弱社会"的社会现状,决定了民间"微公益"的失范行为缺乏有效的政府规制,尤其是在民间"微公益"行为的专业性、规范化等政府规制方面存在着许多短板。本书从政府规制理论和跨界合作治理理论出发,分析我国民间"微公益"行为失范的发生机理,立足民间"微公益"行为政府规制的制度实践,引出政府规制的必要性,继而通过梳理、分析国内有关公益慈善事业政府规制的政策法规及其相互间的内在关系,提出民间"微公益"行为行政规制法规的完善思路,确立政府规制的制度依据,并通过对典型案例的比较分析和参与式研究,梳理、发掘民间"微公益"行为失范的各种影响因素,进而评估各种因素对民间"微公益"运行的影响效度及其对政府规制构成的挑战,最后在此基础上构建出民间"微公益"行为失范的跨界合作规制体系,提出保障其规范运行、健康成长和可持续发展的引导策略。

全书内容分为七章,每章内容概述如下:

第一章,导论部分,首先引出民间"微公益"这一新兴互联网公益慈善形式及其存在的行为失范问题,继而阐释"微公益"行为失范的研究价值,并在回顾国内外有关"微公益"规制研究的基础上,提出本书的研究设计及其主要内容。

第二章,理论视角和分析工具部分,先对本研究采用的政府规制的缘起、内涵、类型及相关理论内容做一梳理,然后对政府社会性规制的内涵、机制架构进行了较为详细的阐释,进而联系"微公益"作为跨界合作的公益集体行动属性,将跨界合作规制视为基本的理论分析工具,并对跨界合作规制的缘起、内涵和架构开展详细阐述,借以为"微公益"行为失范的政府规制研究提供坚实的理论基础和有针对性的分析工具。

第三章,民间"微公益"及其行为失范的发生机理部分,首先对民间"微公益"行动的兴起背景、社会效应展开描述,然后阐述了民间"微公益"行为失范的主要问题表征及其面向,进而提出民间"微公益"行为失范的发生机制在于,内部求助主体自律性差、网络平台治理能力薄弱和外在法规制度缺失、政府监管跟进迟滞以及社会多方监督无力的叠加影响。

第四章,民间"微公益"行为失范政府规制的制度实践部分,首先论证了民间"微公益"行为失范政府规制的必要性和正当性,继而对政府规制的法规政策及其存在的问题进行发掘、剖析,然后在此基础上对我国民间"微公益"行为失范的监管机构、主要职责、规制历程和主要监管举措进行了较为全面的回顾。

第五章,民间"微公益"行为失范的政府规制现状部分,先对政府规制的主要形式做一梳理,然后从规制过程的角度分别对事前、事中、事后的政府规制举措展开描述,继而对民间"微公益"行为失范的规制成效及其存在的短板进行了较好地评估与阐释。

第六章,民间"微公益"行为失范的跨界合作规制体系部分,针对当前民间"微公益"立法缺失、政府监管体制不健全和社会公益自治力量薄弱的公共治理情境,提出民间"微公益"失范乱象的矫治无法继续维持一种简单以政府监管或社会力量自治为主的单中心治理格局,而应构建一个包括内部自律机制、政府行政规制、社会公众监督、社会公益组织专业评估、新媒体公益平台审查等在内的多方跨界合作治理的规制体系。

第七章,引导、帮扶民间"微公益"健康发展的策略部分,分别从加强政策帮扶、行业自治、政策对接、组织化转型和慈善文化培育五个方面阐释、论证辅助"微公益"健康发展的策略选择。

第二章
理论视角与分析框架

一、政府规制

(一)政府规制的起源与发展

现代意义上的政府规制起源于 19 世纪末的美国,它是政府管理社会、经济事务的一种重要工具。[1] 规制理论的发展与西方市场经济发达国家,特别是与美国的经济发展阶段密切相关。换言之,美国是最早产生政府规制的西方国家,也是政府规制制度发展最成熟的国家,随着美国经济发展的变化,政府规制的重点和焦点也一直处在变化之中。[2] 1877 年,美国伊利诺伊州批准了对电梯和仓库收费的规制,这是美国消费者首次通过规制限制垄断剥削的法案。同年,美国又通过"州际商业法案",并成立州际商业委员会(Interstate Commerce Commission)来规制铁路行业,以稳定车票价格,保护消费者免受不公的价格待遇。在电信行业,自 1876 年贝尔发明电话以来,贝尔电话公司获得了 17 年的专利保护的垄断经营期,为防止贝尔公司垄断价格,电信行业建立了联邦电信委员会,这是一个电信规制机构。[3] 1887 年,为解决铁路运费的问题,美国国会成立了州际商业委员会,这是美国第一个现代意义上的规制机构,这标志着现代政府规制的产生。此后,随着西方福

---

① 胡税根,黄天柱.政府规制失灵与对策研究[J].政治学研究,2004(2):114-124.
② 杨宏山.政府规制的理论发展述评[J].学术界,2009(04):248-253.
③ 常怡然.论我国政府规制行为的法制化[D].武汉:中南民族大学,2009.

利国家的出现及其不断发展,政府规制扩展到社会生活的各个领域,以至于形成所谓的"规制国家"。①

政府规制是建立在市场经济和法治制度环境基础上的,其合法性来源于纠正市场机制的结构性缺陷,避免市场经济运行可能产生对社会的不利影响。恰当的政府规制有利于矫正市场机制的内在缺陷,促进公平竞争,维护公平交易,提高经济效率,增进公共利益。如同"市场失灵"那样,政府规制也存在"失灵"问题。② 资本主义自由竞争时期,在古典自由主义经济理论的主导下,由"看不见的手"来支配市场,促进了资本主义经济迅速发展,同时也导致了"市场失灵",但市场自身无法脱困,于是为了克服"市场失灵"所带来的问题,二战后发达国家相继采取了法制、行政规章等各种手段,对大型企业、厂商、公共事业及社会公共领域进行了有效的约束和控制,促进了资本主义的战后繁荣。但是到了70年代,伴随着政府规制失灵的出现,政府规制正当性问题又成了人们争论的一个焦点。

(二)政府规制的内涵

政府规制也称为"政府管制""政府调节"。国外学者对政府规制进行了大量的研究,并作出相应的学理阐释。卡恩认为,政府规制是针对行业结构及其经济绩效主要方面的直接的政府规定,如进入控制、价格确定、服务条件及质量的规定以及在合理条件下为所有客户提供服务的义务的规定。③ 密特尼克则提出,政府规制是针对私人行为的公共行政政策,它是从公共利益出发而制定的规则。④ 此后,植草益提出,规制是"社会公共机构根据一定的规则限制企业活动的行为"⑤。

国内许多学者也对政府规制作出了许多有代表性的诠释。陈富良认为,政府部门对规制起主导作用(有时涵盖一般社会公共机构或组织),并把规制定义为"通过制定并执行相关法律法规,对企业的进入和退出、价格、服务的

---

① 张雨莹.政府规制的理论解读[J].学术界,2007(04):156-157.
② 杨宏山.政府规制的理论发展述评[J].学术界,2009(04):248-253.
③ Kahn. A E The Economics of Regulation: PrimiplesandLnstitutions[M]. New York: New York Wliey Press, 1970:106.
④ Mitinick. E M, The Political Economic of Regulati on[M]. New York: Columbia University Press, 1980:59-87.
⑤ 植草益.微观规制经济学[M].北京:中国发展出版社,1992:2.

数量和质量、投资、财务会计等有关活动,采取许可的方式直接施加影响的行为"①。谢地、景玉琴认为,"规制包括了规制主体(获得法律授权的政府机构或独立于政府机构的规制机构)对规制客体(各类微观市场主体)所进行的一切约束和监管"。② 余晖则提出,"规制是指政府规制机构,为治理市场失灵,依据法律法规,采用大量颁布法律、法规、规章、命令及裁决等手段,对微观经济主体(主要是企业)影响市场公正的交易行为进行直接的控制或干预。"③ 江必新认为,"规制是规制主体(特定行政主体)对规制对象(市场主体及其市场行为),设定规制、制度政策、实施干预措施等行政活动的总称。"④雷德雨主张,"规制是市场经济国家政府的一项重要职能,主要是在自然垄断和信息不对称的领域,以避免资源的低效率分配和确保利用者资源利用的公平性为目的,政府部门以法律为依据,采用许可和认可手段,主要采取行政审批的形式,对企业的进入和退出、价格、服务的数量和质量、投资、财务会计等有关行为进行规制,以最大限度地提高社会福利。"⑤

(三)政府规制的形式和类型

政府规制的实质是基于市场机制为基础的经济条件,政府限制私人及经济主体的活动以纠正和改善市场机制内部缺陷的行为,即政府的管制行为。⑥ 政府管制主要解决市场经济条件下的分配不公、经济波动、非价值物品(依据道德伦理规范而应在一定程度上或全面限制和禁止其生产销售的物品,如毒品)、外部不经济、自然垄断、不完全竞争、信息不对称和风险等问题。随着社会的不断发展,政府规制的形式也日渐增多。

从规制主体角度划分,政府规制的形式主要有三种:(1)司法机关依据民法、刑法等法律进行的规制;(2)行政机关依据行政法规、公共事业法、公司法、劳动法、反垄断法及其他产业法等进行的规制;(3)立法机关对行政机关、公有企业行为等进行的规制。

① 陈富良.我国经济转轨时期的政府规制[M].北京:中国财政经济出版社,2000:2.
② 谢地,景玉琴.我国政府规制体制改革及政策选择[J].吉林大学社会科学学报,2003(03):22-29.
③ 余晖.政府与企业:从宏观管理到微观规制[M].福州:福建人民出版社,1997:1.
④ 江必新.论行政规制基本理论问题[J].法学,2012(12):17-29.
⑤ 雷德雨."十三五"时期垄断行业国有企业规制改革研究[J].经济研究参考,2016(7):61-66.
⑥ 安福仁.规制理论与中国政府管制[J].东北财经大学学报,1999(1):34-41.

从规制领域角度划分,政府规制分为社会性规制和经济性规制两种类型。社会性规制是为了保障国民生命财产的安全、健康、环境保护和防止灾害,以物品和服务的质量和伴随着提供它们而产生的各种活动而制定的标准,以及限制、禁止特定行为而制定的规则。社会性规制主要有五种方式:(1)禁止特定行为;(2)对营业活动进行限制;(3)确立资格制度;(4)检查、鉴定制度;(5)基准、认证制度。[①] 经济性规制是指在自然垄断和存在信息不对称的领域,以避免资源配置低效和确保利用者资源利用的公平性为目的,政府部门以法律为依据,主要采取行政审批的形式,对企业的进入和退出、价格、服务的数量和质量、投资、财务会计等有关行为进行规制。

从规制手段的角度划分,常见的政府规制形式大致可以分为以下六种类型:(1)指令与控制规制模式,此类规制形式都随着社会发展,规制方式也日渐多样;(2)协商式规制是一种以缓解传统规制形式频繁使用强制力导致规制效用低下或引发冲突为目的的规制形式;(3)经济诱因式的规制是一种采用以市场为导向的、富有弹性的、基于激励的管制策略;(4)信息规制分为两类——第一类是行政机关强行披露被规制者或被规制行业的有关信息,第二类是通过信息进行规制,即在资讯发达的信息社会,行政机关将被规制者一定的信息记录公布,以起到警告、监督、督促、招投标限制等作用;(5)契约式规制,行政机关将治安工作、事业性收费权、公共基础设施的经营管理通过契约的形式发包私人运作;(6)自我规制是由企业或行业组织建立自我管理和控制的标准,相关标准得到行政主管机关认可与采纳,并由行政机关提供经济激励或处罚机制,最终促使公共利益的实现。[②]

(四)政府规制的相关理论

政府规制的出发点和归宿都是为了增进社会公共利益。为此,斯蒂芬指出,规制是指政府为控制企业销售、价格及其他生产决策而采取的强制行动,从而达到防止决策忽视社会公共利益的目的。[③] 回顾 20 世纪以来政府规制相关理论的发展历程,主要可以划分为公共利益规制理论、部门利益规制理

① 黄文江.加强我国社会规制的政策思路[J].行政论坛.2005(02);36-38.
② 张劭宁.政府规制理论及其在行政实践中的应用[J].河北企业,2019(05);49-51.
③ 约翰伊特维尔,等.新帕尔格雷夫经济学辞典[C].北京:经济科学出版社,1992;137.

论、放松规制理论和激励性规制理论等流派。

1.公共利益理论

政府规制的公共利益理论产生的直接基础是市场失灵和外部性的存在。[①] 政府规制的公共利益理论是一种建立在规范分析框架基础上的理论，以市场失灵理论和福利经济学为基础，将市场失灵作为政府规制的动因，把政府视作是公共利益的代表，应公众矫正市场活动带来的无效率和不公平的要求来提供规制，以保护公共利益，提高整个社会的福利水平。[②] 公共利益理论的核心思想在于，出现市场失灵时，政府会代表公共利益进行完全理性计算，制定符合公共利益规制，规制是有效率无成本的，满足帕累托最优原则，进而实现公共利益。

2.利益集团理论

基于理性经济人的假设，该理论认为，政府拥有和掌握的基本资源是权力，利益集团可以说服政府利用其权力为本集团的利益服务，作为经济人的规制者可以理性地选择能够实现效用最大化的规制行动，强调利益集团通过寻求规制来谋取自己的私人利益。[③] 规制俘获理论是利益集团规制理论的最早雏形。它认为利益集团是公共政策形成中不可或缺的重要部分。在某种程度上，它比公共利益规制理论更符合规制经验观察，更具说服力，但它缺乏可以解释利益集团控制或影响规制手段的理论，同时也无法解释实际行动中规制机构倾向消费者偏好而不是规制企业的利益。[④] 规制经济理论在这种情况下应运而生，该理论由施蒂格勒开创，[⑤] 后经佩尔兹曼、贝克尔等人加以发展和完善。

3.可竞争市场理论

可竞争市场理论产生于 20 世纪 70 年代末 80 年代初，由鲍莫尔、潘泽和

① 雷华.政府规制理论与实证研究——兼论我国图书出版业规制[D].西安:西北工业大学,2007.
② 张红凤.西方政府规制理论变迁的内在逻辑及其启示[J].教学与研究,2006(05):70-77.
③ 王启娟,韩中华.简述政府规制理论的发展[J].经济研究导刊,2010(06):190-191.
④ 张红凤.西方政府规制理论变迁的内在逻辑及其启示[J].教学与研究,2006(05):70-77.
⑤ Stigler, G. J. The Theory of Economic Regulation[J]. Journal of Economics and Management Science, 1971, 2(1).

威利格加以系统化和完善化。① 该理论认为,一个产业(或市场)即使是自然垄断,只要沉淀成本为零,进入者的威胁就会提供充分的市场规则,以限制在位企业实行竞争性定价,用零经济利润下的最低成本来进行有效率生产,最终确保市场效率,因而只要市场具有竞争力,政府规制机构就无需对自然垄断领域的在位企业进行规制。② 但是,该理论的建立所依据的假设条件严苛,与现实存在很大差距,忽视了对不确定性、变化、企业家才能的分析,在实践中,新企业进入市场采取的"撇奶油"战略可能会导致自然垄断企业的不可持续。③ 考虑到需求不确定性的条件,阿佩尔博姆和利姆构建了一个可竞争市场的扩展模型。④ 1985 年,施利弗将标尺竞争理论引入规制理论领域,⑤后经拉丰与蒂若尔、波特斯等人加以发展和完善,该理论走向成熟。

4. 激励性理论

激励性规制理论主要关注规制环境的信息结构(信息不对称)以及规制者与被规制者的对策性互动,在此情况下,它遵循机制设计文献的传统,设计激励机制,旨在刻画政府最佳规制。⑥ 利益集团范式下的激励性规制理论在坚持利益集团范式的基础上,吸收了政治学中前沿的规制体系非整体性观点,打开规制机构这个黑箱,将其分为规制者和国会两层,主张规制被企业或相关利益集团所俘获并与之合谋,由此构造了利益集团、规制者、国会三层科层结构的"利益集团政治的委托—代理理论",在更复杂的架构中探讨规制和激励机制。⑦

---

① Baumol, W. J., Panzar, J. C. and Willig, R. D. Contestable Markets and the Theory of Industry Structure[M]. NewYork: Harcourt Brace Jovanovich Ltd,1982.

② 张红凤. 西方政府规制理论变迁的内在逻辑及其启示[J]. 教学与研究,2006(05):70-77.

③ Brätland, J. Contestable Market Theory as a Regulatory Framework: An Austrian Postmortem[J]. The Quarterly Journal of Austrian Economics, 2004, 7(3).

④ Appelbaum E, Lim C. Monopoly and Ex Post Contestable Markets[J]. Australian Economic Papers, 1990, 29(54):128-140.

⑤ Shleifer, A. A Theory of Yardstick Competition[J]. Rand Journal of Economics, 1985, 16 (3).

⑥ 张红凤. 西方政府规制理论变迁的内在逻辑及其启示[J]. 教学与研究,2006(05):70-77.

⑦ 陈本强,彭志远. 自然垄断规制理论:一个文献综述[J]. 时代金融,2010(05):43-46.

二、政府社会性规制

(一)政府社会性规制的内涵

20 世纪 60 年代末至 70 年代初,政府社会性规制的政策实践及其研究开始兴起。尤其是自 80 年代以来,经济规制有所放松,但在健康、安全、环保等领域的社会规制却迅速加强,因此社会规制也不断吸引着经济学、政治学、法学、社会学等学科学者的关注,并主要聚焦于规制者、被规制者以及这些关系与相互作用模式背后制度因素的研究。[①] 在社会规制的概念界定上,日本学者植草益提出,"社会规制是为了保障国民生命财产的安全、健康、卫生、环境保护和防止灾害,对物品和服务的质量和伴随着提供他们而产生的各种活动制定的一定的标准,以及限制、禁止特定行为而制定的机制。"[②]由此可见,社会规制就是政府运用行政及法律手段对涉及生产、消费、交易等过程中的健康、安全、环保、信息提供、社会保障等社会行为进行的规制,旨在协调社会公众利益,提高社会福利,维护社会公平。[③] 在理论内涵上,社会规制主要包括公共物品论、非价值物品论、外部性理论、信息不对称论等相关理论。

1.公共物品论

公共物品是指那些为社会公众生活所需要的、私人不愿意或者无法生产的、必须由政府提供的产品和服务。经济学对公共物品的定义是具有使用的非竞争性和非排他性物品。依据是否同时具有这两种属性,可将公共物品分为纯公共物品、准公共物品、私人物品。市场机制在公共物品领域的失灵,决定了许多公共物品必须由政府提供。为纠正市场失灵问题,政府除了要提供公共物品之外,还要对公共物品的提供及交易过程进行有关社会规制,如对公共物品的数量、质量及安全、健康、卫生等多方面进行社会规制。

2.非价值物品论

非价值物品是指人们没有按照自己的最大利益消费的物品,或者是消费

---

① 李月军.西方社会规制制度研究及对我国的启示[J].广东行政学院学报,2007,(01):89-92.
② 吕著.深圳市中小学校外培训机构政府监管问题研究[D].南昌:南昌大学,2019.
③ 张和群.社会规制理论综述[J].中国行政管理,2005(10):61-63.

对社会利益造成损害的物品(如毒品、麻药等)。竞争性的市场条件下,资源配置是有效率的,但社会在道德伦理规范的层面否定了部分物品功能性的市场价值,如毒品、核燃料等,这类物品也会形成自由的市场,也可以实现资源的配置,但是社会在一定程度上全面限制和禁止这类物品的生产和销售。因此,此类物品称为"非价值物品"。[①] 与之相对的是优效品,它是政府强制公众消费的、可以增加社会和个人利益的物品(汽车安全带、强制性义务教育等)。政府通过社会规制来强制人们消费优效品或限制和禁止消费非价值物品以保护社会公众利益和消费者利益。

3. 外部性理论

外部性是经济单位的某种行为使他人受益或受损都不会因之得到补偿或付出代价,这种行为被称为具有外部性。市场经济条件下,外部性问题普遍存在。因此,市场机制不能有效优化各种公共资源的配置,负外部性行为不能通过市场消除,正外部性行为不能通过市场得到激励,从而引发许多社会问题。外部性的存在要求政府进行社会规制,一方面对负外部性行为进行限制,另一方面对具有正外部性行为进行鼓励。

4. 信息不对称论

信息不对称指市场活动参与者在市场特定的交易活动中拥有的信息是不对称的,主要表现在买方与卖方存在信息不对称,买方因拥有信息较少而处于劣势,卖方因拥有信息较多而处于优势。信息不对称会直接造成在市场交易中出现"逆向选择"和"道德风险",从而造成市场失灵。逆向选择指在信息不对称的情况下,当交易双方签订合约时,拥有更多信息一方利用信息优势签订对自己有利的合约,处于信息劣势的一方则在签约后遭受损失。因信息不对称引起"逆向选择"会造成"劣质商品驱逐优质商品"现象,从而导致市场失灵。道德风险指在达成交易合同之后,参与交易的一方寻求最大程度发挥自身效用时作出不利于另一方的行动。信息不对称问题可以通过政府社会性规制来解决,如通过立法要求卖方披露信息,对发布虚假信息者进行制

---

① 卢海燕.论我国政府社会规制的价值取向及制度安排[J].华北电力大学学报(社会科学版),2008(03):72-76.

裁等,以纠正因信息不对称引起的市场失灵。[①]

可见,社会规制是政府管理经济社会的重要职能。在市场机制配置资源的过程中会产生"市场失灵"现象,政府的社会规制可以纠正市场效率低下、经济活动损害社会利益等市场失灵的现象。[②] 在社会主义市场经济条件下,经济调节、市场监管、社会管理、公共服务是政府四项基本职能,[③]社会规制涉及其中的两项:市场监管(例如,社会规制中对食品安全和卫生标准的规制)和社会管理(例如,社会规制中对环境和生态保护的规制)。因而,社会规制是政府的重要职能,社会规制政策是涉及经济社会活动的政策。[④]

综上所述,政府社会规制主要包括四方面内容:一是公共性物品方面的规制,涉及诸如消防、环保等纯公共物品以及诸如福利服务、教育等准公共物品;二是非价值性物品方面的规制,包括禁毒、取缔枪支等;三是解决外部性方面的规制,如旨在防止公共危害,预防产业灾害和疾病,确保交通安全等的规制;四是解决信息不对称方面的规制,包括生活消费用品安全、食品卫生安全等方面的规制。[⑤]

(二)政府社会性规制机制

随着我国工业化、市场化、城市化以及信息化的深入推进,环境污染、信用缺失、食品安全、职业安全、知识侵权、个人信息安全等问题不断涌现,并日益受到社会各界的极大关注。这些问题的有效破解都涉及政府的社会性规制能力及其相关研究。然而,当前中国社会性规制研究还存在很多不足与缺陷,主要体现在:一方面是大多是从静态的角度阐释社会规制的法律法规和部门机构,缺少基于本土问题情境构建的理论框架,特别是对社会规制体制、模式缺少梳理;另一方面,缺少基于对具体社会规制问题的研究。例如,在职业安全规制等具体问题研究上,多为经济学家或法学家,从经济学或法经济

---

① 卢海燕.论我国政府社会规制的价值取向及制度安排[J].华北电力大学学报(社会科学版),2008(03):72-76.

② 张和群.社会规制理论综述[J].中国行政管理,2005(10):61-63.

③ 江泽民.全面建设小康社会,开创中国特色社会主义事业新局面[M].北京:人民出版社,2002:24.

④ 张和群.社会规制理论综述[J].中国行政管理,2005(10):61-63.

⑤ 卢海燕.论我国政府社会规制的价值取向及制度安排[J].华北电力大学学报(社会科学版),2008(03):72-77.

学的角度分析社会规制,缺乏政治学的理论分析,这显然不足以用于对以政府(国家)为行为主体的社会规制进行研究。① 政府社会性规制机制的发掘与阐释,是破解这两方面问题的重要切入口。

1. 委托—代理框架机制

"委托—代理"机制是政府管理的核心机制。"委托—代理"包括自下而上与自上而下两种路径。自下而上就是指选民将自己的权力委托给政治代理人。自上而下包括立法机构把立法权委托给行政机构,行政机构把决策权委托给专业社会组织等。选民把自己的权力委托给政治代理人的路径基于政治理论中的契约论,人民通过普选产生立法机关来表达对政治的同意,是政府强制性权力合法性的唯一依据。第一种自上而下的路径,也就是立法机构把立法权委托给行政机构,其需具备两个条件:其一,委托人可以明晰代理行为的利弊;其二,代理人在作出决定时会考虑委托人的利益。第二种自上而下的路径,也就是行政机构委托给专业社会组织,但可能会出现社会组织控制行政决策的情况,也就是产生社会学意义上的规制俘获,可能的原因有两方面:其一,行政机构中的行政官员依靠与社会组织的合作和信息来实现他的个人目的,为了形成这类合作,他们必须采取保守政策以防止站错位,同时,对代理费用的考虑和监管缺位也会形成无效的规制;其二,委托人也就是行政机构,认为社会组织拥有他们所不具备的专业知识储备,难以对其行为进行有效监管。②

2. 委托—代理问题的控制

"委托—代理"机制会造成行政决策不以公众利益偏好为主导,而是以民意淡薄的代理组织为主导,甚至行政机构、专业社会组织以及其他利益相关主体三方进行谈判妥协。主要有以下三个原因:其一,自上而下的权力委托机制失效;其二,利益相关主体在专业社会组织中掌握了话语权,垄断决策权而削弱政治责任,并主导了整个规制过程;其三,中央政治控制下,其存在自由裁量权,以及社会组织缺乏监管与限制,对其进行控制可以通过事前、事后两种方式进行。

① 李月军.西方社会规制制度研究及对我国的启示[J].广东行政学院学报,2007(01):89-92.
② 王美智.社会学意义的社会规制[D].杭州:浙江大学,2012.

就事前控制而言,一方面要利用好决策程序和监管机制;另一方面要利用监管机制赋予多个机构以议程控制权力,当政策出于社会组织利益偏好而忽视了公共利益时,多个机构可以运用否决权及时阻止规制机构的错误走向。同时,鉴于否决权的存在,权限和职能范围存在部分重叠的规制机构在制定政策时就必须对政治监管者进行预测,衡量其行为底线,这种制度安排促使规制机构对民众负责,并为公共利益而服务。

就事后控制而言,"委托—代理"框架存在许多缺陷,但是即便违背公共利益的规制政策已经出台,也不是说接下来就得完全照章办事,政策运作还没有结束。事后监督包括"巡警""火警"两种形式。"巡警"式监督是指监管部门会像警员开着警车巡逻一样主动寻找代理人不作为或非法作为的证据。"火警"式监督是指收到利益相关群体对代理人的不作为或非法作为的举报后,监管部门才采取行动,该种监督方式是一种风险低、回报高的监管策略,监管机构无需消耗巨额成本来发现问题,只需等待社会公众和社会组织将其关注的问题暴露出来,再及时作出回应并及时修改规制政策,以缓解社会冲突和维护社会秩序。

三、跨界合作治理

(一)跨界合作治理的缘起

"公用地的悲剧"从理论上揭示了个人理性的局限性和市场制度的机会主义,"集体行动的困境"从理论上解释了公共问题的交易成本和它产生的困境,因而"公用地的悲剧"和"集体行动的困境"为政府规制提供了空间。从公共利益的角度来看,政府规制对"市场失灵"的领域进行直接干预,以避免资源分配效率低下并保证有需者可以公平利用。[1] 但如同部分学者所言,社会治理领域的"市场失灵"现象,并不意味着政府必须介入管理,市场机制解决不了的问题,政府不一定能解决,即使能解决,也不一定比市场解决得更好。[2]

---

① 易志斌.地方政府环境规制失灵的原因及解决途径——以跨界水污染为例[J].城市问题,2010(01):74-77.
② 肖建华,邓集文.多中心合作治理:环境公共管理的发展方向[J].林业经济问题,2007(1):49-53.

　　从 20 世纪 90 年代中期以来,主张国家与社会可以协同发展、相互增权的理论与思潮层出不穷,构成了对国家与社会零和博弈思想的挑战。这派理论"强调国家与社会的相互增权(mutualem powermert)、公私部门的伙伴关系,从而形成一个国家行政能力强大、社会组织富有活力的新局面"。① 就国内政策实践而言,随着城市化进程的加快,基础设施建设、老城区的拆迁和改造、环境修复、重大项目落实、生活质量提高等现存的城市问题与社会阶级分化的加快、社会贫富差距拉大、土地规划和使用权问题、农民工权益保护等城市化问题交织在一起,导致城市治理更为繁杂和多样化,需要投入更多的智慧与精力。② 现今,随着经济社会发展和科学文化素养的提升,人民群众主体意识和权利意识不断增强,民主参与的意愿更加强烈,这就需要构建党政界、知识界、行业界、媒体界"四界联动"的社会复合主体,把社会不同群体的外在制约转化为内在关联,把社会不同方面的被动参与转化为自觉互动。③ 萨拉蒙在其 1995 年出版的《公共服务中的伙伴》一书中指出,"政府与志愿部门之间的合作,是一个值得发扬和改进的合理模式"。④

　　伴随着经济全球化浪潮,经济社会不断发展,区域一体化不断发展,区域间的联系日益频繁与密切,管控型治理模式无法解决新背景下产生的危机,传统的治理模式正面临现实困境。⑤ 一方面,区域性公共危机屡见不鲜。区域之间的竞争不断加剧,各种不可再生资源被过度开发,生态环境不断恶化导致的损失日趋严重,区域间矛盾冲突的解决更加困难,区域间经济社会发展水平的差距正在扩大,城市竞争力疲软等等。另一方面,区域公共问题越来越受到关注。公共服务、人才引进、公共危机应急管理等公共管理问题的实践正渐趋复杂,传统的危机管理模式正在发生改变,跨界治理与合作共治成为"精明政府"现实而必要的选择。伴随自然生态环境的恶化,政治、经济、文化等领域内很多深层次矛盾和问题日趋显现,各类公共危机呈现高频化态

　　① 顾昕.公民社会发展的法团主义之道——能促型国家与国家和社会的相互增权[J].浙江学刊,2004(6):64-70.

　　② 陈娟.复合治理:城市公共事务治理的路径创新——以杭州"社会复合主体"实践为视角[J].中共浙江省委党校学报,2011,27(04):70-76.

　　③ 王国平.培育社会复合主体共建共享生活品质之城[J].杭州通讯(下半月),2008(12):5-16.

　　④ 〔美〕莱斯特·M.萨拉蒙.公共服务中的伙伴[M].田凯,译.北京:商务印书馆,2008:6.

　　⑤ 刘奕,张文娟.我国跨界危机治理的合作机制研究[J].上海:东华大学学报(社会科学版),2015,(03):105-108.

势,其预防与应对愈加繁杂,仅凭政府的力量已难以应对,必须发动全社会的力量,构建合作与共治的高效跨界治理机制,才能有效地化解危机。当公共问题的影响严重,乃至打破其社会预期的负荷,例如群体性事件、重大安全事故或者新发传染病,此类危机事件通常横跨一个或多个行政区域,所带来的巨大损失已无法通过传统的危机处理模式得到完全弥补,各行政区域的主体在社会意识形态、政治体制或者历史文化因素的影响下,培育合作意识,通过跨区域相互协作、相互配合、共同治理,这就是跨界合作治理。①

社会复合主体的治理实践体现在,政府、市场及社会组织等三大部门主体及其延伸机构基于城市认同,依据特定的制度安排与激励机制,联合治理城市问题,依托复合主体的新动力推动复合型事业的发展,并在发展中互惠互利。② 为维护和实现公共利益的最大化,政府部门和非政府部门(私营部门、第三部门或公民个人)等公共行动主体需要彼此合作,在相互依存的环境中分享公共权力,共同管理公共事务。③ 在市场经济体制相对完善、民间社会相对发达的西方国家,政府还采取合同租赁、公私协作、用户付费体系、政府补贴制度等各种形式以达成政府与社会的共同治理的目的。④ 政府通过社会复合主体参与相关事业发展和项目建设,能够在规划、组织、协调等方面直接发挥政府的作用,开展政府的延伸服务、创新服务,有效平衡公平和效率、社会效益和经济效益,同时促使社会各个主体在交流与合作中走向成熟。⑤

(二)跨界合作治理的内涵

20世纪90年代以来,各国在政府和非政府的部门间建立起了一种合作对话机制,各种非政府的、非营利的组织发展迅猛,它们以各种方式同政府部门进行协商、对话与合作,推动了社会治理模式适应经济全球化、市场化的变迁和发展。⑥ 合作治理是政府、私人部门和第三部门为实现公共治理目的而

---

① 张文娟.我国环境危机跨界合作治理机制研究[D].上海:东华大学,2016.

② 张兆曙.城市议题与社会复合主体的联合治理——对杭州3种城市治理实践的组织分析[J].管理世界,2010(02):46-59.

③ 俞可平,薛晓源.治理与善治[M].北京:社会科学文献出版社,2000.

④ 萨瓦斯.民营化与公私部门的伙伴关[M].周志忍,译.北京:中国人民大学出版社,2002:11.

⑤ 王国平.培育社会复合主体共建共享生活品质之城[J].杭州通讯(下半月),2008(12):5-16.

⑥ 张康之.论参与治理、社会自治与合作治理[J].行政论坛,2008(06):1-6.

展开的权力分享、优势互补与协作互动过程。推动政府与私人部门、第三部门的互动合作，构建起三方部门合作治理架构，有助于增进社会治理主体的多元化，达到社会良善治理的目的。[①] 究竟在政府与社会之间应当进行怎样的分工，当前人类的一大共识在于，相对于巨大的社会来说，政府应当是"小而有力"的，应当区分出它"做掌舵者，不做划桨者"。[②] "通过政府、企业、社会组织、个人的合作（和体制再造），使得行政的、市场的以及社会的机制形成互补和互促"，[③]实现社会主体形式及其实践活动的双重超越。[④] 政府和社会组织及市场的关系不再是单纯的管理与被管理的关系，更多的趋向于平等合作及互补共赢的新方向发展。[⑤]

迈克尔·麦卡锡从扩张个人自由角度进行研究指出，国家不应当将其触角伸至社会的每一个角落，一旦国家过多干预社会福利建设，那么社会组织与个人就会减少这方面的工作，这将会增强个人对国家的依附感。[⑥] 特别是对于发展中国家而言，马来西亚的经验表明，国家监管通常难以落实，政府应放手让非营利组织处理好自己的事情。[⑦] 在社会监督层面，要充分发挥公众、志愿者、公益组织、新媒体平台等主体力量的社会监督作用，并继续重视、发挥好网络意见领袖的正向引导作用。[⑧] 从社会管理的角度看，合作治理是政府为了达成公共服务的目标而与非政府的、非营利的社会组织，甚至与私人组织和普通公众开展的、意义更为广泛的合作。[⑨] 合作治理的本质在于，

[①]　杨逢银.新时代共建共治共享社会治理格局的实践逻辑研究——基于新世纪以来杭州城市社会治理先行经验的分析[J].浙江学刊,2018(05):29-34.

[②]　奥斯本.改革政府:企业家精神如何改革着公共部门[M].周敦仁,译.上海:上海译文出版社,2006:5-9.

[③]　郑杭生,杨敏等."中国经验"的亮丽篇章——社会学视野下"杭州经验"的理论与实践[M].北京:中国人民大学出版社,2010:12.

[④]　郑杭生."中国经验"的亮丽篇章[M],"中国经验"的亮丽篇章.北京:中国人民大学出版社,2010:12.

[⑤]　彭华民,黄叶青,福利多儿主义福利提供从国家到多元部门的转型[J].南开学报,2006(06):40-48.

[⑥]　Mccarthy M. The New Politics of Welfare: An Agenda for the 1990s? [M]. London: Heinemann,1989.

[⑦]　Radiah Othman, Norli Ali. NPO. Internal Controls, and Supervision Mechanisms in a Developing Country[J]. Voluntas: International Journal of Voluntary and Nonprofit Organizations, 2014(1).

[⑧]　毕素华.网络民权社会与公共慈善精神的培育[J].理论探讨,2013(06):168-172.

[⑨]　陈华.吸纳与合作——非政府组织与中国社会管理[M].北京:社会科学文献出版社,2011.

政府不再是唯一的社会管理主体,政府与其他社会组织具有平等的社会管理地位。[①] 合作治理理论从根本上排除了任何政府中心主义的取向,不仅拒绝统治型的集权主义的政府中心主义取向,也不赞成旨在稀释集权的民主参与型的政府中心主义取向。[②] 合作是为了完成仅依赖单个组织无法完成的预期目标。正如 Himmelman 所言,合作是指开展合作行动以既增强自身又增强他人的能力以实现一个共同的目标。[③] 合作治理在行为模式上超越了政府过程的公众参与,它以平等主体的自愿行为打破了公众参与政府过程的中心主义结构。[④] O'Leary 等认为,合作治理就是"控制那些影响私人部门、公共部门和公民团体联合决策和行为过程的手段"。[⑤] Daniel A. Mazmanian 在2010 年的研究中指出,合作治理是指建立、引导、推动和监督跨部门组织合作的制度安排,以解决仅凭单个组织或公共部门无法解决的公共政策问题。它具有两个或多个公共机构,营利性和非营利性组织相互协作、相互受益和自愿参加的特征。[⑥] Taehyon Choi 提出,合作治理是指一组相互依存的利益相关者,通常来自多个部门(公共的、私人的以及非营利部门),为了解决一个复杂的、涉及多面的公共难题或情境而协同工作并制定相关政策的过程和制度。[⑦] 此外,当前诸多公共危机事件也急需跨界治理,跨界的关键诱因就是危机的产生范围突破了行政区域,危机治理的主体也跨越了不同职能部门。对比传统危机,跨界危机与其他类型的危机最为不同的特征就在于其跨越了行政区域。当危机爆发的地点与危害不再限制于单个行政区域,同时危机管

---

① 侯琦,魏子扬.合作治理——中国社会管理的发展方向[J].中共中央党校学报,2012,16(01):27-30.

② 张康之.论参与治理、社会自治与合作治理[J].行政论坛,2008(06):1-6.

③ Authur T. Himmelman." Communities Working Collaboratively for Change"[R]. Resolving Conflict: Strategies for Local Government, Washington, D. C. : International City/County Management Association,1994:27-47.

④ 张康之.论参与治理、社会自治与合作治理[J].行政论坛,2008(06):1-6.

⑤ Rosemary o'Leary, etal." Special issue on Collaborative Public Management"[J]. Public Administration Review,2006(66):1-170.

⑥ Tang S Y, Mazmanian D A. Understanding Collaborative Governance from the Structural Choice -Politics, IAD, and Transaction Cost Perspectives[J]. Ssrn Electronic Journal, 2010:25-37.

⑦ Taehyon Choi. Information Sharing, Deliberation, and Collective Decision - Making: A Computational Model of Collaborative Governance[J]. Doctoral Dissertation of University of Southern California,2011:4.

理主体的跨界具有复合性,危机治理就跨越了单个职能部门,想要有效进行跨界危机的治理,有必要推动跨区域和跨不同职能部门之间的合作。①

(三)跨界合作治理论域

公共事务跨界治理打破了传统认为政府具有公共危机管理唯一合法身份的思维,脱离了政府是唯一主体的框架,并且赋予了多方社会力量更多的责任与担当。② 合作治理中的参与主体将达到这样一种状态,即参与者的需求和利益不是在某个单一组织内,而是在他们相互依存的关系中得以界定。③ 本质上,公共事务的跨界治理就是以法律法规和制度规范为依据,政府参与并发挥领导作用,打破传统的行政区域限制,并整合非营利组织、企业公众与媒体等多方主体,通过社会力量的协作,充分调动各种资源并加以整合,以有效应对与处置各种公共危机的跨区域界限的治理。④ 从全球视角看,跨界合作已经在治理模式方面取得了创新,成为应对公共事务跨界治理困境的一种新兴模式。国际组织以及世界各个国家不断探索区域间的高效合作的多种形式,多种跨界治理模式应时而生且其特色鲜明。其中美国、英国和日本的跨界治理案例较为典型:美国城市化进程快,城市群建设完善且与跨界治理联系密切,跨界治理模式符合城市政府一体化发展的趋势,大都市多元化发展,都市群数量多,发达程度最高;英国凭借浓厚的地方自治的历史传统建立了公私部门战略性伙伴关系,为政府发展增添新生力量;日本利用地方自治团体或组织的团结协作,突破行政区域界线,采用广域联合治理模式来实现治理效率的提升与公民偏好的满足。⑤

在我国的跨界合作治理实践中,社会复合主体是较为典型的组织形式。社会复合主体摆脱了政府"单极治理"的困局,实现了"联合治理"。⑥ 打造科

① 刘奕,张文娟.我国跨界危机治理的合作机制研究[J].东华大学学报(社会科学版),2015,15(03):105-108.
② 张娟.我国公共危机治理多元主体协作研究[D].长沙:湖南大学,2011.
③ Gray, B. Conditions Facilitating Interorganizational Collaboration[J]. Human Relations, 1985, 38(10):911-936.
④ 韩雪.我国跨界治理中的公共危机事件合作治理研究[D].上海:东华大学,2015.
⑤ 张文娟.我国环境危机跨界合作治理机制研究[D].上海:东华大学,2016.
⑥ 倪咸林.社会复合主体:城市公共治理的结构创新——以杭州市城市治理经验为例[J].南京师大学报(社会科学版),2013(02):30-37.

学高效的跨界合作治理制度环境,除了要加强政府与社会组织的协作,还必须团结私营部门与社会公众,实现多主体的合作与共同治理,只有这样,跨界事务治理才能高效发挥作用。① 多元化的主体采用"开门决策"的过程,有助于关注社会不同群体的利益偏好,提高城市公共服务供给水平,有效解决社会矛盾,成为社会稳定的助推器。② 在社会管理创新的时代背景下,有学者从组织社会学角度,将"杭州经验"中构建"国家—社会"新型关系,促进"政府—企业—社会"三维合作的组织模式视为社会管理科学化的样板。③ 陈娟将复合治理实践划分成了项目型复合主体实践、行业型复合主体实践、社会型复合主体实践等不同类型的复合主体,分析复合治理不同实践形态的适用范围以及在城市公共事务治理中所发挥的作用。④ 王国平根据政府、市场和社会的匹配程度差异,将其分为"政府—经济效益型"、"政府—社会效益型"、"市场—经济效益型"、"市场—社会效益型"以及"中间型组织"。⑤ 张兆曙将社会复合主体的治理结构分类为公共平台型的治理结构、行业服务型的治理结构、综合协调型的治理结构等,城市议题的创立和社会复合体的联合治理形成了一种国家、社会和市场关系重构的新机制。一方面,城市议题具有的公共性为社会主体跨部门协作提供了可能性;另一方面,当社会复合体为实现某种目的而被塑造成某种特定载体时,这种跨部门的联合并不会侵犯社会的主体性,相反,其能够促进市场和社会两个部门的主体性。⑥ 张紧跟、庄文嘉在强调政府之间横向合作重要性的基础上,他们还积极呼吁让社会公共事务的治理权利回归到公众手中,他们认为只有赋予公众参与社会公共事务的基本权利,才能将他们引入到区域甚至跨区域公共环境问题的协商、治理中。⑦ 在各种跨界事务治理困境发生的时候,政府能够积极利用云时代的各

---

① 张文娟. 我国环境危机跨界合作治理机制研究[D]. 上海:东华大学,2016.

② 冯钢. 论社会组织的社会稳定功能——兼论"社会复合主体"[J]. 浙江社会科学,2012(01):66-73+157.

③ 郑杭生,杨敏. 从社会复合主体到城市品牌网群——以组织创新推进社会管理创新的"杭州经验"[J]. 中共杭州市委党校学报,2011(04):4-10.

④ 陈娟. 复合治理:城市公共事务治理的路径创新——以杭州"社会复合主体"实践为视角[J]. 中共浙江省委党校学报,2011,27(04):70-76.

⑤ 王国平. 培育社会复合主体研究与实践[M]. 杭州:杭州出版社,2009:5.

⑥ 张兆曙. 城市议题与社会复合主体的联合治理——对杭州3种城市治理实践的组织分析[J]. 管理世界,2010(02):46-59.

⑦ 张紧跟,庄文嘉. 从行政性治理到多元共治:当代中国环境治理的转型思考[J]. 中共宁波市委党校学报,2008,30(06):93-99.

种网络传播手段,迅速地将危机事件的某些隐藏信息传递给各社会非营利组织,力图在对社会公众的危机报道中形成统一的口径,以维持危机发布的良好秩序,预防更大危机恐慌的发生。① 也有学者聚焦于社会复合主体的功能研究,认为社会复合主体构建了行业联盟组织、项目推进组织、市校联盟组织等多样性的组织形式,②跳出政府“单极治理”的困境,转为“联合治理”,快速促进了经济产业的发展、公共事务治理与知识资本的积累。

(四)跨界合作治理的架构

跨界公共事务的产生代表着公共事务由于跨越行政边界出现了某种意义上“同一性—差异性”的隔膜,也就是说与跨界前公共事务所属管辖空间和治理权威主体的同一性作比较,跨界产生了管辖空间的差异性与治理权威主体的复杂性,“对公共管理者提出了更高的要求”,也对跨界公共事务的治理带来了挑战。③ 马奔通过对公共事务跨界的缘由进行研究,提出“跨界治理的根本原因在于全球化浪潮和时代的发展加快了一个国家或地区的政治、经济和社会结构的变迁”④。公共事务跨越行政界限形成区域化后,其跨界特征将体现在多个维度上,首先从纵向看,其面临多个层级的行政权威并存;其次,从横向看,其面临的地方化行政权威缺乏统属关系,具有碎片化属性;再次,从功能看,涵盖如环境治理、公共危机应对、社会治安协同等多个领域;最后,从组织看,涵盖政府、市场、社会等多种性质的治理主体。因此,跨界公共事务的跨界性也体现在多个层面,超越了单一层级、区域、功能和组织,而且超越了上述任何单一维度治理主体的治理能力,这要求不同的治理主体在不同层级、区域、功能和组织等维度上共同协作,实现区域合作共治⑤。实际上,制度性集体行动理论将区域合作共治视为破解跨界公共事务治理困境、

---

① 刘奕,韩雪.云时代公共危机事件的跨界合作治理——基于政府与非营利组织合作的视角[J].北华大学学报(社会科学版),2014,15(06):43-47.

② 王国平.培育社会复合主体研究与实践[M].杭州:杭州出版社,2009:5.

③ 张伟,杨安华,徐元善.跨界危机的兴起及其对公共管理者的新挑战[J].吉首大学学报(社会科学版),2011,32(02):72-77.

④ 马奔.危机管理中跨界治理的检视与改革之道:以汶川大地震为例[J].清华大学学报(哲学社会科学版),2009,24(03):147-152.

⑤ Feiock R C. The Institutional Collective Action Framework[J]. Policy Studies Journal,2013,41(3):398.

达成整体利益最优的集体行动安排的理想选择。1997年,佩里·希克斯对再造政府和新公共管理运动进行整合和重新思考,并在此基础上提出了整体性政府的概念并论述了整体性政府理论,该理论倡导政府革新传统以专业化分工为核心的组织架构,只有整体性政府才能更有效地解决跨越行政边界的治理问题,据此,政府应整合行政体系内部的部门与职能,构建起横向的紧密联系与合作。[①] 后来,希克斯对该理论进行进一步完善,提出了整体性治理理论。在整体性政府理论的基础上,整体性治理理论在强调行政体系内部不同部门与职能整合的同时,也强调政府、市场与第三部门之间的合作。[②]

以跨部门的合作治理取代碎片化的单一治理已成为公共事务治道变革的主要趋向。[③] 其优势在于,通过政府联合私人部门、社会力量形成的一种公私合作、伙伴关系下的共同治理制度安排,整合不同层级的政府、私人部门与社会力量,来实现单一部门无法完成的共同目标。[④] 现代社会治理本质上就是基于政府部门、私人部门、社会组织和公民个体等利益相关者协同构建的跨界合作治理架构,实施多元力量跨部门、跨职责边界的合作共治过程。[⑤] 政府部门、私人部门、社会组织、大众媒体之间必须充分认识到社会稳定的重要性,形成公共利益的理念,并以此为利益原则,寻求合作的途径与方式。[⑥]

建立合作共治的跨界合作治理机制,离不开科学高效的跨界合作治理制度环境,除了要加强政府与社会组织的协作,还必须团结私人部门与社会公众,实现多主体的合作与共同治理,只有这样,跨界危机治理才能高效发挥作用;建立协商机制要求相关主体充分参与决策环节并提出利益诉求,为实现特定目标进行谈判或协商;利益机制是跨界合作治理机制的关键与核心,完善的利益机制是有效达成跨界合作治理的关键;评估机制的建立既是跨界治

① Perri 6. Holistic government[M]. London：Demos,1997：9-10.

② Perri 6, Diana Leat, Kimberly Seltzer and Gerry Stoker. Towards Holistic Government：The New Reform Agenda[M]. New York：Palgrave, 2002：47.

③ 杨逢银,胡平,邢乐勤.公共事务复合治理的载体、实践及其走势分析[J].中国行政管理,2012(03)：17-21.

④ Emerson K, Nabatchi T, Balogh S. An Integrative Frame work for Collaborative Governance[J]. Journal of Public Administration Research and Theory,2012,22(1)：1-30.

⑤ 杨逢银.新时代共建共治共享社会治理格局的实践逻辑研究——基于新世纪以来杭州城市社会治理先行经验的分析[J].浙江学刊,2018(05)：29-34.

⑥ 周欣,程抗.我国公共危机信息公开的跨界合作机制研究[J].学理论,2015(18)：12-13.

理质量改善的推动力又是跨界治理的手段,跨界治理评估机制不仅应遵守4E原则,还需要考虑跨界合作治理的跨界性。[①]

　　跨界合作需要基本的合作规制,明确各种权利和义务,各主体需要在平等、公正的基础上实现均衡,承担相应的责任,责任分担就是一个资源整合、利益协调的规范过程,[②]尤其是需要引入专业的评估团队或第三方评价机构,设计一套完整的、可体现真实合作情况的指标评价体系,构建科学合理的监督评估体系,为跨界合作的流程与成果的监督工作提供标准与参考,获得对跨界合作效果客观、明晰的分析与评估。[③] 由此,各主体之间应求同存异,并达成共识,以便合作各方之间可以相互交流、取长补短、相互支持,从而可以优化各方资源分配,避免矛盾,提高认同并达到跨界合作的预期目的。[④]

---

① 刘奕,张文娟.我国跨界危机治理的合作机制研究[J].东华大学学报(社会科学版),2015,15(03):105-108.

② 赵元明.论当代中国治理目标的基本走向[J].河南师范大学学报,2007(04):24-27

③ 罗伯特·希斯.危机管理[M].王成等译.北京:中信出版社,2003.

④ 周欣,程抗.我国公共危机信息公开的跨界合作机制研究[J].学理论,2015(18):12-13.

第三章
民间"微公益"及其行为失范的发生机理

一、民间"微公益"行动的兴起

"微公益"前身可以追溯至"网络慈善(online charity)"或"电子慈善(e-philantrophy)",主要用以描述基于 Facebook、Twitter、GoFundMe、Crowdrise 等社会媒体平台而开展的慈善筹款活动。"微公益"发端于FreeRice 网站,由美国网络筹款活动先驱约翰·布林于 2007 年创立。2007年 10 月,美国网络筹款活动的发起人约翰·布林创办了免费大米(Free Rice.com)公益网站,网民通过网络回答问题可以赢取虚拟大米,每答对一题,该网站就会向联合国世界粮食计划署(World Food Programme)捐赠 10粒大米,WFP 负责向贫困地区饥饿的人们提供大米。FreeRice 以"玩游戏,捐大米"的形式开启了人人参与、寓学娱乐、多方受益的公益模式,[①]随后,GoFundMe、Crowdrise 和其他网站也提供了社交网络驱动的慈善筹款的类似活动。[②]

在国内,"微公益"行动最早始于余志海创办的"多背一公斤"网站,希望通过网友在出游时携带部分闲置物品并将其捐赠给当地学校来满足贫困学校的物资需求。[③] 2011 年,邓飞联合 500 位记者发起"免费午餐"基金公募计

---

① 杨丽娜. 微公益视域下公民责任意识培育研究[D]. 南京:南京邮电大学,2016.

② Saxton Gregory D. ,Wang Lili. The Social Network Effect:The Determinants of Giving Through Social Media[J]. Nonprofit and Voluntary Sector Quarterly, 2014(5).

③ 谢家驹,余志海.公益创业[M].香港:商务印书馆(香港)有限公司,2009.

划,倡议为贫困学童提供免费午餐,借助传统媒体、多种社交媒体和多方社会资源展现出广泛的社会动员能力,政府在后期对其进行介入与支持,成功地实现了民间行为对政府决策的影响。同年,传统官办慈善组织被先后揭露出现"郭美美事件"、河南宋庆龄基金会非法集资等一系列慈善丑闻。随着官方慈善机构的公信力急剧下降,"微公益"迎来发展的春天,[①]逐渐涌现出"微博打拐""大爱清尘""随手拍"等颇具影响的网络公益活动。

　　微博自主运营的方式提高了慈善公益信息传播的时效性、互动性与便捷性。2012 年 2 月,新浪成立公益频道,腾讯、搜狐和网易也紧随其后相继在其微博平台上开设微公益专栏,[②]网友能够在极短的时间内共同关注一项公益活动,[③]参加"微公益"活动更具便捷性与有效性。[④] 2016 年 8 月民政部批准第一批 13 家互联网募捐平台,同年 9 月《慈善法》生效,"微公益"作为一种新型互联网公益慈善形态,在立法监督下得到快速发展。

　　在信息技术快速发展的大环境下,公益慈善与互联网的结合是必然的,[⑤]"微公益"以互联网技术为依托,充分利用互联网的大众性、草根性以及网络信息的即时性和互动性,降低了公众参与公益传播活动的门槛,扩大了传播范围,提高了信息透明度,减少了运营成本,极大地提高了公益项目的运行效率。较之传统慈善,"微公益"作为一种新的慈善方式传递人人公益的理念,推动公益事业平民化、常态化,创建了我国目前公益活动参与的新模式以及民间与国家行政部门之间互动的新模式,[⑥]改变了公益慈善事业的发展格局。

二、民间"微公益"行动的社会影响

　　随着互联网的普及和信息技术的革新,网民数量快速增加,"微公益"的

　　① 杨团.中国慈善发展报告[M].北京:社会科学文献出版社,2011.

　　② 付晓静,潘陈青.媒体嵌入微公益的角色探析[J].武汉理工大学学报(社会科学版),2014(02):201-205.

　　③ 涂诗卉.浅析微博时代的公益发展契机——以新浪微博公益模式为例[J].新闻世界,2011:128-129.

　　④ 张银锋,侯佳伟.中国微公益发展现状及其趋势分析[J].中国青年研究,2014(10):41.

　　⑤ Hart T. R. E-philanthropy, Using the Internet to build support[J], International Journal of Nonprofit andVoluntary Sector Marketing,2002.

　　⑥ 北京师范大学中国公益研究院.2011 中国公益事业年度发展报告——走向现代慈善[M].北京:北京师范大学出版社,2012.

发展同样蒸蒸日上。"微公益"的大众化、草根性满足了人们的公益需求,在一定程度上弥补了传统慈善事业的缺陷,网络求助逐渐成为弱势群体寻求救助的首选渠道。"微公益"凭借其优势改变了目前的慈善事业发展格局,迸发新的活力,但新的问题也随之而来,因其出现的各种失范行为以及由此产生的负面效应,同样引起了公众的高度关注,带来新的舆论话题。任何新事物的发展都具有两面性,客观认识民间"微公益"行动带来的社会效应,在肯定"微公益"对慈善事业的促进作用的同时,正视其带来的负面影响,积极寻求解决办法,才能促进"微公益"持续、健康地发展。

(一)民间"微公益"推动了慈善事业发展

1.慈善渠道更丰富

互联网信息技术的进步推动了"微公益"的发展,提供了更多慈善捐助渠道,丰富了慈善形式。除传统慈善组织外,求助者还能够通过直接公布银行账号、打赏等方式求助,或者依托具有公募资质的网络公益平台、公益慈善网站等间接求助。求助项目内容更丰富,不仅涉及筹措善款、物资等传统物质慈善资源,还包括志愿服务以及心理援助等精神需要。救助者参与慈善的形式也更多元,不再固定为传统的捐物、捐款,如支付宝设立了"蚂蚁森林""行走捐",公众通过支付宝消费和行走步数进行慈善;各行各业的名人接受冰水浇身的"冰桶挑战"并通过网络发布视频,呼吁人们关注"渐冻症"患者以实现善款的筹集。[①]

2.信息披露更便捷

借助"Web2.0"信息技术,求助信息发布、披露更加便捷、高效。一方面,求助信息能够实时被发布、发现。随着微博、微信、网站、论坛等自媒体社交平台和支付宝、微信等在线支付形式的发展和普及,不仅求助者能够随时发布求助信息,社会各界爱心人士也能够即时获得求助信息,随时随地进行捐献善款或物资。信息的快速发布、传播、被接受,使得求助者能够在短时间内得到救助,提高救助效率。另一方面,由于求助信息的发布、善款的捐献均通过网络进行,后台能够实时统计数据,对公益项目进展即时追踪。2004 年 6

---

① 闫梦."互联网+慈善"的伦理审视[D].石家庄:河北经贸大学,2019.

月,新公布、实施的《基金会管理条例》第三十六条明确规定,基金会、境外基金会代表机构应当于每年 3 月 31 日前向登记管理机关报送上一年度工作报告,接受年度检查。与传统慈善的年度报告不同,网络信息的透明性和即时性决定其能够及时反馈、披露救助项目的落地情况,由网络募捐平台对慈善项目进行追踪,无论是求助者、救助者,还是公益机构,都能够通过平台实现快速、便捷的信息交流。[①]

3. 资源汲取更广泛

互联网信息技术的虚拟特性打破了传统公益慈善形式中的时间和空间的限制,社会救助资源的动员、汲取能力更强。传统慈善大多是由求助者在报纸杂志或电视媒体上发布求助信息,信息传播有限,受众面狭小,所能获得的社会慈善资源不足或者速度缓慢。"微公益"作为依托自媒体社交平台的新型网络慈善形式,借助互联网发布的求助信息能得到快速传播,且覆盖面广,分布在不同地域、行业的网络用户都能够及时获得求助信息,随时随地进行慈善捐助,最大可能地汇聚公众的力量。"微公益"大幅扩大了慈善资源的汲取范围,2016 年统计数据显示,腾讯公益、淘宝公益与蚂蚁金服公益三个平台全年共筹款达 12.89 亿元,比 2015 年增加了37.79%。[②]公众在互联网平台的筹款表现日渐增强,[③]更好满足了日益增长的个人求助和社会救助的紧迫需求,更能够在短期内汲取大规模的社会慈善资源。例如,2008 年汶川地震发生后,腾讯公益在短时间内便筹集到 2300 万元,在资源汲取的规模和效率方面都具有较大优势。

4. 参与主体更多元

"微公益"传递人人公益的理念,参与门槛低。一方面,受助主体更加多元。关信平认为,传统的公益稳当靠谱,适合长期性、全面性地筹集资金,而对于特定个人或者非固定、非常规性慈善需求,传统公益程序烦琐、花费时间久,通过"微公益"方式,个人面对疾病、教育、贫困、灾害等生活困境时,可以随时随地向社会寻求救助。另一方面,捐助主体更加广泛。据《公益时报》报

---

① 曾庆香.微公益传播研究——主体模式影响[D].武汉:武汉大学,2014.

② 皮晶.《2016 年度中国慈善捐助报告》发布全年捐赠总额达 1392.94 亿元[EB/OL].(2017-11-02)[2019-05-18].http://www.gongyishibao.com/html/gongyizixun/12735.html,2017-11-02.

③ 贝恩公司,全球联合之路.中国互联网慈善:激发个人捐赠热情[R].2019.

道,2017年全年通过12家网络募捐平台完成的总捐赠次数超过62亿次,相当于全国人民全年人均完成了4.5次捐赠(据国家统计局2016年的人口普查显示:中国总人口约13.83亿),合计募集的善款超过25.8亿元人民币。截至2016年底,腾讯公益平台上已经有超过2万个公益项目,近8000万人次参与,募集善款超过8亿元,是4年前的30倍,而参与人数也达到2012年的20倍。① 与传统慈善所具有的"富人"标签不同,"微公益"具有草根性,强调积少成多,呈现出大众化、年轻化、小额化趋势,②虽然捐款数额少,但捐款人数日益增多。随着社会媒体时代的变革,公益行为会逐渐日常化,跨区域、跨界别的个人、社会组织、企业等社会力量均可参与公益活动,社会救助的受众面和参与面更加广泛。

5.运行成本更低廉

在获取同等社会捐助资源的情形下,借助自媒体社交网络、慈善互联网信息平台和数字媒体,个人求助、社会捐助及项目实施的营销策划、组织动员和管理费用更加低廉。传统慈善组织业务的活动成本和管理费用是支出的"大头",互联网打破了时间和空间的限制,只要学会操作计算机,任何网民都可以通过网络自主发布信息,大量的公益信息发布、公益活动管理等工作可以通过互联网平台实现,互联网平台为求助者与捐赠者畅通了救助的直接交流渠道。求助者通过博客、论坛、微博、微信等平台上传发布相关文字、图片、银行账户、电话等信息进行募集捐款,无需经过相关部门的审批,成本低廉,简单易行。③ 捐赠者浏览网络求助信息,根据自身条件自主选择捐献,捐赠信息通过网络实时反馈给求助者。中国公众的公益观调查报告(2017)显示,公众有很强的参与公益活动的意愿,但是实际的参与行动相对较少。强烈的参与意愿没能有效地转化为实际参与行动,可能受到活动参与的便捷性以及成本的影响,而互联网便捷性和高效性的优点可以弥补传统公益活动参与成本较高的不足。④ 此外,高效便利的线上支付为捐赠者能够"足不出户"进行

① 徐家良.互联网公益:一个值得大力发展的新平台[J].理论探索,2018(02):18-23.
② 杨睿宇,马箫.网络公益众筹的现状及风险防范研究[J].学习与实践(02),2017:81-88.
③ 蒋万胜,刘璐.我国个人网络募捐的兴起及其监管[J].商洛学院学报,2015(01):86-93.
④ 黄智宽,郭尧,石晶.中国公众的公益观调查报告(2017)[EB/OL].(2017-03-07)[2022-07-22].http://www.rmlt.com.cn/2017/0307/463091.shtml.

资助提供可能,[①]通过信息传递,节约了场地费用和人工成本等中间活动成本,个人、团体和组织通过网络平台展开慈善活动,与传统慈善的人力、物资等花费进行对比,几乎是"零成本"。[②]

(二)民间"微公益"行为失范产生的社会危害

1.负面事件频发

个人网络求助近乎零门槛,大量求助信息鱼龙混杂、真假难辨,负面事件频频发生。2015 年民政部公布《网络募捐抽样调查报告》,报告针对网络个人求助募捐可能存在的问题进行调查,62.40%的受访者认为网络个人求助募捐存在诈捐、骗捐的风险。网络信息具有明显的虚拟性特征,发布求助信息时很容易对部分信息进行隐瞒或误传,甚至编造虚假信息进行求助。同时,网络求助的私人信息披露并非具有强制性,网络募捐平台无法强制求助者提供家庭房屋财产状况、家庭车辆财产状况、保险状况等信息。网络求助的隐蔽性和信息的非强制披露使得个人在求助时能够隐瞒或者虚报自己的实际情况,滥用道德诉求,频频爆出用爱心换来各种欺骗的"骗捐"行为,如"杨彩兰天津爆炸事件""知乎女神事件"等。负面事件不断消费着公众稀缺的爱心,使社会公众对网络慈善的真实性、可信度产生怀疑,严重伤害了他们的公益参与热情。

2.制约组织发展

"微公益"的低门槛使得公益慈善项目在数量、内容和形式方面都更为丰富,但同时也限制了一些较小的不具有公募资格的公益组织的发展。截至2018 年,我国民政部遴选指定了 20 家慈善组织互联网公开募捐信息平台,只能给符合慈善法规定的慈善组织发布募捐信息,没有公开募捐资格的慈善组织不可以发布慈善信息。[③] 这意味着一些慈善组织想要发布慈善信息只能依托募捐平台,导致一部分公益项目因欠缺公募资格而夭折。由于公募平台数量有限,但公益项目众多,平台接收的项目远多于实际可运行的数目,除

---

① 叶婷婷.论个人网络求助行为应受慈善法调整[J].北京政法职业学院学报,2019(02):36-41.
② 邱习强.我国网络募捐综合监管机制研究[D].济南:山东大学,2017.
③ 网络求助行为怎样规范:专家详解网络个人求助法律边界[EB/OL].(2017-08-21)[2019-11-15].http://www.wenming.cn/zyfw/zl/201712/t20171228_4540734.shtml,2017-8-21.

少量"明星"项目或者"高影响力"项目外,一些"长尾"项目缺少明确的差异化亮点,遭受积压,获取的资源有限,①最终无法取得预期效果。

此外,借助互联网信息技术,组织发布公益项目更为便捷,慈善活动的举办无需在特定的场地,也无需过多的工作人员。然而这在节约成本的同时,也带来组织内部的管理问题。美国学者莱斯特·M.萨拉蒙提出,业余性导致的"志愿失灵",这在互联网捐赠领域依然存在。公益组织进行公益活动只需要在网络上发布善款接收账号,流程的简单化导致完成一项公益活动不需要太强的专业性以及出色的管理才能,慈善组织的专业素养不足就会导致依靠情感而非专业知识作出判断,这就引发慈善资源的随机性和选择性投放,体现了慈善行为的业余性而非专业性,导致资源的过度集中,②不利于公益组织的长期发展,产生社会资源的浪费。

负面事件的出现会使公众对慈善组织的公信力产生质疑。由于网络信息鱼龙混杂,亦有不少组织或者网站假借慈善名义开展非法集资之类的犯罪活动。例如,"人人公益"平台新型网络传销案,打着慈善的名义,开展购买"爱心""拉人头"获返利等活动,实为传销骗局。③ 个人网络求助各种骗捐、诈捐事件层出不穷,一经爆出极易引起争议,引发关于网络求助的信任危机,导致网络求助公信力不强。换言之,众多网络求助的负面消息严重影响了公众对求助者、相关慈善组织以及社会的信任。④

3. 面临"法律空白"

"微公益"作为近十年兴起的新型网络公益慈善形态,具有与传统公益慈善所不同的虚拟性、即时性、跨政区等公益属性,既有的公益慈善法规,难以有针对性地规范、调整基于 web2.0 技术支持的"微公益"运行、发展问题,新法律规范的创制、实施也需要一个过程,导致与"微公益"相关的慈善相关立法缺失,"微公益"的运行和管理缺少相应的法律依据,"微公益"活动也缺少法定的社会身份和法治化的底线要求。2016 年《慈善法》的通过,标志着以

---

① 贝恩公司,全球联合之路.中国互联网慈善:激发个人捐赠热情[R].2019.
② 党生翠.互联网捐赠:背景、优势与风险[J].中国民政,2018(04):36-38.
③ 人人公益骗局揭秘,人人公益名为公益实为传销[EB/OL].(2017-04-14)[2020-01-21].http://www.mrcjcn.com/n/220309.html,2017-4-14.
④ 冯春,黄静文.网络慈善失范现象及其治理[J].贵州财经大学学报.2019(05):102-110.

慈善基本法模式来规范和促进我国慈善事业发展时代的到来。[①]《慈善法》涵盖了对"微公益"这一新兴事物的积极回应,第21—23条具体规定了慈善募捐及其主体的资格和形式,申明了慈善组织是唯一可以通过网络平台发布募捐信息、进行公开募捐的法定主体,但负责慈善法起草的全国人大常委会法工委负责人表示,法律没有提倡或禁止个人求助(包括亲友发布的求助信息),[②]并未对个人网络求助采取积极回应。之后民政部等四部委发布的《公开募捐平台服务管理办法》虽正面肯定了个人网络求助的合法性,仍没有对"微公益"活动建构完善的引导和规制机制。"微公益"相关立法缺失,不仅无法有效规范网络求助行为,对失范行为也缺少处罚依据,致使"微公益"成为"法外之地"。

4. 引发捐助不公

"微公益"是依托互联网信息技术发展起来的新型公益形式,对技术的要求更高,容易引发由"数字鸿沟"带来的新的捐助不公问题。除公益项目的真实性之外,公众选择公益活动容易受宣传方式的影响,尤其是公益项目的营销手段。2012年,新浪微公益最受关注的项目"鲁若晴项目"和位列第4位"姜尔健项目"均为救助白血病儿童项目,前者发起方和证实方均为个人,有很好的营销和传播手段,后者发起方是中国青少年发展基金会,证实方是施乐会平台,在众多组织公益项目中没能得到足够重视,后者的关注度未到前者的1/3,募集善款未到前者的1/10,最终导致两位受助者的命运大相径庭。[③] 不同的营销能力对项目最终的实现效果产生不同影响,"包装"精良的公益项目往往会获得更多的社会关注,与之相反,没有条件或者能力进行"包装"的公益项目,最终很难完成募捐需求。另外,"微公益"以互联网技术为支撑,但是目前互联网地区发展不均衡,我国西部地区和大量农村地区由于信息化水平低、互联网理念落后,在推动互联网发展中造成的"数字鸿沟"被进一步放大。[④] 部分真正贫苦、需要求助的人群因为"数字鸿沟",无法获得应有的社会帮助。

---

① 王涛.《慈善法》的立法理念、制度创新和完善路径[J].法学论坛,2018,33(01):143-150.

② 蒲晓磊.慈善法对个人求助行为不禁止[N].法制日报,2016-3-22(009).

③ 张银锋,侯佳伟.中国微公益发展现状及其趋势分析[J].中国青年研究,2014(10):41-47.

④ 吕欣.全力推进网络空间法治化[N].光明日报,2014-12-15.

5.损害社会资源

个人网络求助失范行为浪费了宝贵的社会资源,打击了公众的爱心、善良和热忱,直接损害了社会弱势群体的利益,加大了社会弱势群体寻求帮助的难度。网络社会的出现使人类社会显现出一种新的发展状态,同时也塑造了一种新型的网络互动方法,带来了社会资源的网络动员模式。[①] 当求助者向社会公众发布求助信息并筹集善款,公众出于自愿,基于习惯及道德的影响,把一部分或大部分的可支配收入捐献出去,这个过程就实现了社会资源或社会财富的"第三次分配"。[②] 但是由于法律不完善、监督不严等客观因素,求助者隐瞒或者虚报信息,误导公众对其进行捐款,恶意侵占社会捐助的善款或者物资,使捐助者财产蒙受损失,更损害了其帮助弱者的同情心。对其他有能力有意愿的救助者而言,失范行为使得其对"微公益"这一慈善形式产生怀疑、不信任,进而打消救助意愿,不再乐于进行公益活动,破坏了潜在的社会慈善资源。对其他求助者而言,个人网络求助的失范行为致使公众的捐赠积极性遭受打击、慈善热情退却,导致那些真正需要帮助的求助者得不到社会的救助。

三、民间"微公益"行为失范的问题表征

民间"微公益"广受关注,不只是其产生了正面作用的原因,还包括其出现的各种失范行为以及其带来的负面效应。"微公益"涉及包括个人、平台、政府等多个行为主体,由于相关立法不完善、监管不严等问题,网络求助存在骗捐、滥用善款、重复求助、非法公募等失范表现。搜集近年来部分社会关注度较高的个人网络求助经典案例,梳理、统计、分析如下(见表 3.1):

表 3.1   网络求助行为失范事件统计

案例名称	发起人	方式	筹款数额/元	失范表现	结果
犬口救童事件	非近亲属(女孩男友)	新闻媒体报刊	80 万	男友张某编造故事利用媒体炒作博取同情,骗得 70 多万元善款	善款退回

---

① 章友德,周松青.资源动员与网络中的民间救助[J].社会,2007(03):70-91.
② 邹世允.中国慈善事业法律制度完善研究[M].北京:法律出版社,2013:15.

续表

案例名称	发起人	方式	筹款数额/元	失范表现	结果
杨彩兰天津爆炸事件	本人	微博(打赏)	96576.44	虚假信息	善款退回3年有期徒刑,罚款8000元
知乎女神事件	本人	知乎	24万	创建小号编造患病女子故事,博取网友同情,骗取捐款	善款退回3~10年有期徒刑
佛山婴儿父母车祸双亡事件	近亲属(男孩叔叔)	朋友圈水滴筹	195006	未披露可获意外保险赔付263万元	善款退回
柯江救女求助事件	非近亲属(女孩父亲同事)	朋友圈微博	648.43万	未披露有车有房、善款使用不明	至今未果
"小传旺"事件	亲属(父母)电视台	新浪、猫扑网	90万	"天使妈妈基金"对小传旺治疗的善款使用因未及时公开而受到质疑	"天使妈妈基金"召开了新闻发布会,对相关账目和小传旺病情进行公示
罗尔微博打赏事件	亲属(女孩父亲)	微信(打赏)P2P公众号	2626919.78	未披露家庭经济情况、病例资料	善款退回

(一)骗捐与诈捐

在网络求助中"骗捐""诈捐"问题时有发生。从求助信息真实性的角度划分,骗捐可分为两种类型:一是求助者虚构事实,编造求助者本人或亲友遭受疾病、突发事故或自然灾害等变故而陷入困境,借以骗取社会爱心和网络慈善救助资源的行为。比如,表3.1中"知乎女神"求助事件、"犬口救童"求助事件、杨彩兰利用天津爆炸事件等。二是求助者本人或亲友遭受了疾病、突发事故或自然灾害等变故而陷入困境,在发起网络求助时有意夸大困难,隐瞒个人医疗保险、事故保险或家庭存款、房产等重要信息,以谋求公众更多款物捐助的行为。比如,"罗尔微博打赏"事件、柯江救女求助事件等。诈捐是指捐助者(主要是指意见领袖、公众人物)欺瞒捐助行为或者虚假提高捐助数额,戴着慈善的"桂冠"却不兑现承诺。[①] 比如薛蛮子帮黄渝萍、鲁若晴(鲁超)筹款事件,薛蛮子作为一位社会公知,答应帮助白血病女孩黄渝萍和鲁超筹款治病。由于鲁超的知名度远远超过黄渝萍,通过对鲁超的帮助,能够帮薛某提高社会声誉,而资助黄渝萍却得不到回报,最后真正家境贫困需要救治和配型骨髓手术费用的黄渝萍没有从网友的捐款中得到一分钱。这些"骗捐""诈捐"行为不仅破坏了慈善的纯洁性,使得本来就对微公益存有疑虑的人们更难付出爱心,极大地伤害了公众的慈善热情。

(二)非法公募

具有合法公募资质的慈善组织开展网络公开募捐和其他慈善求助行为之间缺少明确的法律界线。我国《慈善法》和民政部颁布的《公开募捐平台服务管理办法》《慈善组织互联网公开募捐信息平台基本技术规范》《慈善组织互联网公开募捐信息平台基本管理规范》三个规范性文件,对符合公开募捐法定条件的线下慈善组织、线上募捐活动作出了明确的规定。《慈善法》规定,慈善组织公开募捐,应取得公开募捐资格;通过互联网募捐的,应该在民政部统一或指定的平台上发布募捐信息。除民政部指定的 20 家慈善组织互联网公开募捐平台外,其余慈善组织不具备公开网络募捐的资格,但是仍有不少不具有公募资格的民间公益组织接受慈善捐赠。例如,2017 年南通崇川区智愿行慈善服务社被举报"非法公募",但是由于缺少具体细则,难以认定其行为是否为"公募"。[②] 此外,虽然国家限定了互联网募捐平台的资格,但对个人求助并未设定任何规制条款。《慈善法》第二十六条规定个人不具备网络募捐资格,不禁止个人求助行为,然而针对个人求助行为尚未作出具体详细的规定。虽然官方解读规定个人求助不被纳入慈善募捐行为,但是网络上的个人求助形式与公开募捐并无太大差别。[③] 个人网络求助近乎零门槛,求助主体具有随意性,利用网络的虚拟性,在微博、微信朋友圈和网络论坛等平台上直接公布银行账号,通过网络视频打赏、微信红包等方式直接向社会募集慈善款物,明显属于非法公募行为,如表 3.1 中"杨彩兰天津爆炸事

① 闫梦."互联网+慈善"的伦理审视[D].石家庄:河北经贸大学,2019.
② 南通一民间机构被举报"非法公募"发起名誉诉讼,民政局介入[EB/OL].(2017-07-27)[2019-12-25].https://www.thepaper.cn/newsDetail_forward_1744466,2017-07-27.
③ 童婷.网络公益慈善发展研究[D].南京:南京大学,2018.

件""罗尔事件"等,发起人并没有通过网络募捐平台,而是通过微博、微信打赏的方式获得善款,既没有网络募捐平台的监管,也缺少微博、微信等社交平台的审核,属于变相完成公募的行为。

(三)滥用善款

网络求助募集的慈善款物,面临极大的滥用风险。首先,个人通过新媒体和社会媒体求助、募集的慈善款物,法律上没有强制求助人必须定期披露款物具体使用情况。求助人在如愿筹集资金之后,其善款使用明细依据求助者意愿进行公开披露,具有极大的自主性,社会公众只能借助网络舆论进行监督,这导致很多慈善款物滥用问题不能被及时发现、查证、追责。其次,即便是民政部指定的慈善组织互联网公开募捐信息平台有责任对与个人合作公开筹集的款物进行管理,但平台或网站面对大量的个人求助项目,无法对其慈善款物的使用情况进行逐一审查、监管,即使发现慈善款物滥用问题也很难追责。比如表 3.1 中"柯江事件",尽管"博爱之家"慈善组织极力劝阻,柯江还是不顾反对坚持汇款给台湾医院,致使损失善款 5.7 万美元,之后仍将余下的 30 余万美元善款用于女儿在美国的治疗。但截至目前,账单明细和有关信息尚未公布,对于柯江本人是否回国也不得而知。网络募捐的善款流向始终都备受关注,每位捐赠者都有权了解善款的流向,但个人网络求助筹集的善款最终属于个人支配,如果求助者不及时公开善款使用情况、提供真实的账目清单,或者隐匿消息,捐赠者也无法了解善款捐赠之后的使用账目明细以及剩余尾款流向等重要信息。

(四)重复求助

个人网络求助的重复求助行为可分为两种:一是同一个求助者就同一个困难在不止一个网络求助平台发布求助信息,从而得到双倍甚至几倍善款;二是求助者虽然只在唯一的求助平台发布求助信息,但提供的捐款渠道多样,以此来逃避平台的监督及金额的限制等,使善款的金额和去向脱离监督。[①] 我国当前网络求助的渠道主要有两种:一是民政部前期指定的 20 家慈善组织互联网公开募捐信息平台,个人可以通过这些平台的审核、支持发

---

① 李斯文.网络个人求助的规范路径研究——以网络治理为工具[D].上海:华东政法大学,2016.

起公募;二是个人直接通过微博、微信、网络论坛、网络视频等自媒体和社会媒体向社会公众发起求助。在民政部发布的三个规范性文件的规范、引导下,慈善组织互联网公开募捐信息平台对重复求助进行了较为严格的资质审查、限制。爱心筹、轻松筹和水滴筹三大网络筹款平台也联合发布倡议书倡议打造信息公示平台,然而目前平台之间还难以达成数据之间的互联互通,无法彻底消除真实案例在多个平台进行重复求助的现象。除此之外的微博、微信朋友圈、网络论坛和视频点播等求助渠道,政府层面未作任何限定性要求,各新媒体传播平台也没有任何制度规范,部分求助者为尽快筹措救助款物,会通过多种渠道发起求助,引发多渠道重复求助的问题,导致求助款物难以即时统计,去向及使用情况也难以跟进监管。表 3.1"罗尔事件"中,罗尔发布的求助信息被网友转发并打赏,文章打赏金额超过限制后,仍有大量爱心人士通过微信或者支付宝等其他渠道捐赠善款,最终善款所得远远超过罗尔所需。

(五)信息披露不实

根据人民论坛发布的《中国公众的公益观调查报告(2017)》,"信息公开透明"是网络公益可以吸引公众广泛参与最主要的因素(60.1%)。网络求助被广泛认可和接受主要是由于网络信息的透明性,但是实际上"微公益"项目的部分信息并不真实。

一方面,公募平台、慈善组织不主动公示项目进展。虽然在指定的网络募捐平台中有部分平台会动态跟踪慈善项目的进展情况,如腾讯乐捐会发布结项报告,蚂蚁金服公益可以查询善款的流向清单,但是仍存在不少慈善平台或组织未能及时公布慈善项目完成情况,如淘宝公益,募捐完成后不能在其官网上搜索到相关的项目信息。[①] 由于缺乏公开、透明的信息披露制度,部分"微公益"组织在进行公益活动时,没有如实向社会公布信息,没有及时、准确公开公益项目善款的来源和使用、项目进度等相关信息,公众难以知悉其捐献的善款与物资的收支、去向,无法有效监管项目进程,知情权和监督权得不到满足,对资金的使用和慈善项目产生效果产生不信任,一些公益组织因此陷入资金议论风波,不利的社会舆论危机使"微公益"发展屡屡受限。

---

① 冯春,黄静文.网络慈善失范现象及其治理[J].贵州财经大学学报,2019(05):102-110.

另一方面,个人网络求助信息的真伪难辨,且信息披露不及时,往往是在"骗捐"行为被曝光后才会意识到被欺骗,此时募捐行为已经完成。除了网络救助本身带有一定的隐蔽特性外,个人网络求助的信息披露具有非强制性与自主性的特点,求助者很容易捏造虚假信息或是有意隐瞒重要信息,骗取社会慈善资源。信息披露不实分为两种类型,一是发布虚假信息,如表 3.1 中"犬口救童事件""杨彩兰天津爆炸事件""知乎女神事件"中,求助者发布的均为虚假信息,编造故事吸引公众,"犬口救童事件"中的杨某哭诉女友保护"女童"被狗咬成重伤,并虚构"女童及家人"的身份衬托女友见义勇为博取公众同情;二是故意遗漏关键信息,如表 3.1"罗尔事件"和"柯江事件"的发布者发布的求助信息中,不曾涉及其拥有的住房和车辆财产情况、家庭收入情况,但多次强调家庭难以负担孩子的医疗费用。由于家庭资产等信息属于补充项,求助平台并不做强制要求,求助者在发布求助信息时存在不同方面、不同程度的信息遗漏,通常为了塑造各种"美好向往"的表象而故意隐瞒重要信息、捏造相关信息或是故意发布引导性信息,意在博得社会公众的同情、怜悯与帮助,进而满足私人利益。个人欺瞒公众骗取善款的行为最终会导致公众对"微公益"慈善形式产生不信任,从而影响了公众的捐赠意愿。

(六)网络暴力

网络舆论是一把"双刃剑"。一方面,在个人求助的慈善款物募集过程中,网络舆论发挥了重要的信息传播、救助议题聚焦和社会监督作用;另一方面,由于目前我国法律对网络求助的资质条件、合作平台和社会媒体的权责、募得慈善款物的使用等问题未作出明确规定,网络舆论监督也没有明确的法规依据,加之社会慈善文化和社会信任关系薄弱,导致某些网络舆论监督蜕变为侵害个人隐私与合法权益的"网络暴力"事件。网络求助失范行为消费了公众爱心,网络上过分弥漫着互不信任的心理,甚至一句话都可能引发网络"骂战"。例如,在"小传旺救助""知乎女神"等事件中,事件相关者受到了不同程度的谩骂和人身攻击。"小传旺事件"中,一名网友通过微博平台对"天使妈妈基金会"进行质疑,认为其借小传旺进行炒作来提高自身的知名度。据统计,该微博发布后的前 200 条评论中,网友几乎一边倒地进行指责,有 20% 以上的网友言语不堪入目,他们不仅斥责公益机构是"骗钱的人渣""畜生""该死""必遭天谴"等,还对宣传此事的齐鲁电视台主持人王羲进行

"人肉搜索"和深扒,不仅扒出其代言不孕不育医院等广告,还爆料其"曾当小三",致使王羲删除了自己的所有微博。因救助小传旺而引起的质疑与争论,渐渐失控,偏离主题。①

四、民间"微公益"行为失范的发生机理

"微公益"作为一种基于微博、微信、慈善公募平台等网络传播媒介发展起来的新型公益慈善形态,其运行涵盖了个人、组织、平台、政府等多个行为主体,在"微公益"行动中,法律规制、行动主体自律、平台管理、政府监管、社会监督的任一环节出问题,都会导致个人网络求助时发生失范行为,产生不良影响。

(一)法律规范创制滞后

"微公益"是依托互联网技术将社会各种资源连接并整合,在释放技术创新的巨大力量的同时,也暴露一定问题,即现有公益慈善法规也难以有针对性地规范、调整"微公益"运行和发展。目前,"微公益"的法律规制主要依赖于《慈善法》为核心的慈善领域立法,作为我国公益慈善领域的一部基本性、综合性法律,尽管《慈善法》已经建立起公益慈善领域整体的制度框架,但对"微公益"等新兴公益形态的规范,不可避免地会存在一些前瞻性与适用性的不足,诸如尚未针对个人网络求助建构起一套引导和规制机制,②留有较多法律空白;产生的法律灰色地带,容易被有恶意者利用,通过自主发布不实的救助信息以此达到筹资敛财的目的。③ 具体而言,存在以下几个方面的不足。

第一,缺乏与《慈善法》相衔接的具体的配套规范。虽然中国首部慈善法现已颁布,但具体实施仍然存在不确定性。④ 国家关于调整微公益事业的相关法律只有《公益事业捐赠法》、《国务院关于公益事业的通知和指导意见》和《民政部关于公益慈善事业的意见和通知》,大部分法规立法层次较低,内容

---

① 庄庆鸿.失控的质疑伤害了谁[N].中国青年报,2012-07-19(03).
② 叶婷婷.论个人网络求助行为应受慈善法调整[J].北京政法职业学院学报,2019(02):36-41.
③ 冯春,黄静文.网络慈善失范现象及其治理[J].贵州财经大学学报,2019(05):102-110.
④ 联合国.中国互联网慈善报告势[R].联合国开发计划署,2016.

也比较单薄。① 网络众筹并不是传统众筹、慈善或捐赠的简单网络化,而应被视为一种全新的模式,只是以传统的法律体系为依据,无法充分应对新模式所带来的挑战和冲击,生硬套用最终将会制约新兴事物的发展,而且传统法律体系在解决部分具体问题时,显然出现动力不足的现象。② 当实际筹款超出实际需要,如何管理剩余善款是一个重要问题。平台收取了一定比例的管理费用,但其针对求助者信息真实性的核查,却只是仅仅停留在风险提示上面,而将判断的工作转移到捐助者身上,正当性严重缺失。③ 因平台监管不力导致的行为失范问题,平台应该承担什么责任,现有法律法规在这些关键性问题上没有作出直接回应,从而埋下行为失范的隐患。

第二,"微公益"募捐平台缺少统一的技术标准和行业规范。"微公益"运作过程中平台实际承担的义务超过现有的规定,目前的行业规范存在较大漏洞。《公开募捐平台服务管理办法》以及民政部颁布的《慈善组织互联网公开募捐信息平台基本技术规范》《慈善组织互联网公开募捐信息平台基本管理规范》两项推荐性行业标准对网络募捐平台的运行和管理进行了相应的规定,明确网络募捐平台开设个人网络求助项目需要履行以下义务:审核个人通过网络募捐平台发布的求助信息的真实性,同时网络募捐平台要在显著位置提醒公众,并进行明确的风险提示,④告知公众该信息不属于慈善披露,募捐信息的真实性为信息发布者的责任等,这些义务大多止步于捐赠与信息管理方面。但在实际运行过程中,网络募捐平台还要承担对整个募捐流程实施监管的义务,包括发起人资格审查、项目的真实性和必要性审查、筹资金额合理性审查、募捐款项使用监管、剩余善款流向监管等,但是现有的法律缺少对这些义务的规定,行业规范也缺乏明确规定。现今一些网络募捐平台设立了一些个人网络求助的板块,求助者个人可以直接在平台上发布求助信息,如轻松筹个人救助板块,明显与两项行业标准和《慈善法》相冲突,表明对平台规范存在法律空白。

---

① 柳翠.互联网慈善立法研究[D].成都:西南交通大学,2018.

② 王丹阳.慈善法视域下网络众筹平台的规制路径——以"轻松筹"为研究样本[J].天津法学,2017(03):48.

③ 王丹阳.慈善法视域下网络众筹平台的规制路径——以"轻松筹"为研究样本[J].天津法学,2017,33(03):45-50.

④ 李梦婷.个人网络求助行为失范的合作治理研究[D].杭州:浙江工业大学,2019.

第三,现有的法律法规缺少信息披露标准,公益捐助过程存在信息不对称问题。《慈善法》对信息公开只有原则性规定,而未明确"及时""完整"的具体含义。北京市京师律师事务所主任、中国慈善联合会法律顾问张凌霄表示,2016 年实施的《慈善法》对于信息公开透明到何种地步,并没有具体的标准。[①] 以轻松筹平台为例,求助者在发布求助信息前必须提供的资料是个人身份证明、诊断证明以及求助者跟患者之间的关系证明,而家庭房屋财产状况、家庭车辆财产状况、保险状况仅仅属于"增信补充说明",平台没有权利来要求求助者必须对所有信息进行披露以及确保求助者所公布信息完全真实,在已发生的众多骗捐事件中,很大一部分就是求助者隐瞒或者虚报了自身的财产状况,罗尔、武汉胃癌男子刘凌峰等在向社会求助时,虽然公开了病情,并且经核查病情属实,但由于没有公开家庭的经济状况,在事件被曝光之后,让很多爱心人士感觉受到了欺骗。另外,通过网络募捐获得的善款只公布部分去向明细或者善款使用不合理,甚至拿到善款之后就消失不见,如"柯江事件"中柯江将 30 多万美元用于女儿美国治疗,截至目前,公众尚未看到该善款账目明细的公开信息。缺少符合行业标准的信息公开制度,造成公益信息不对称,捐助人难以辨别求助者是否真正存在求助需求、是否合理使用善款、剩余善款是否正当使用等,再加上层出不穷的"骗捐""诈捐"案例,捐助者对网络求助的信任度会大大降低。

最后,网络募捐的发起人的主体资格缺乏法律规范。[②]《慈善法》第二十六条规定,个人不具备网络募捐资格,但不禁止个人求助行为,针对个人求助行为尚未作出详细的规定,基本采取了回避的态度。《公开募捐平台服务管理办法》第 10 条提及"个人为了解决自己或者家庭的困难,通过广播、电视、报刊以及网络服务提供者、电信运营商发布求助信息时,广播、电视、报刊以及网络服务提供者、电信运营商应当在显著位置向公众进行风险防范提示,告知其信息不属于慈善公开募捐信息,真实性由信息发布个人负责。"《办法》较《慈善法》更进一步正面对个人网络求助的合法性进行支持,但是仅停留在合法性资格的确认,虽然表明了"为了解决自己或者家庭的困难"可以采取求

①　网络求助众筹缘何被玩坏了[EB/OL]. (2018-8-15)[2020-10-21]. http://news.ifeng.com/a/20180815/59831923_0.shtml.
②　汪丹.我国网络慈善事业的可持续发展研究[J]. 社会工作,2014(06):91-98.

助行动,但是没有指明什么状态下的困难才符合求助的条件,也缺少对求助信息真实性的监督和管理规定,有关求助者发布虚假信息的后果及由此引发的争论,尚未提出具体的解决措施。

(二)求助主体缺少自律

1. 求助动机不纯

当前整个社会求助群体的道德自律和法治观念参差不齐。"微公益"求助门槛低,每个人都能够通过"微公益"形式,向社会公众发布求助信息,如果求助者确实遭受了疾病、教育、贫困、灾害等生活困境,无法支撑家庭基本生活,求助社会公众无可厚非,但是仍有很多人钻了法律空白、监管不严的漏洞,无视甚至蔑视相关法律的权威,明明无需救助,却为满足自身私利而发起求助,浪费社会公益资源。这种动机不纯的募款行为,在发起或参与"微公益"行动时,有意从事"骗捐""诈捐""滥用善款"等违规活动,违背了公益慈善宗旨。比如,"知乎女神事件""杨彩兰事件""犬口救童事件"等。求助者本身道德意识薄弱,为了满足自己的私欲,利用网络的虚拟性,很容易有意瞒报部分信息或发布误导性信息发起求助,编造或夸大事实,滥用道德诉求,导致行为失范。

2. 信息披露不实

个人网络求助过程中的求助信息披露这一环节存在很多问题。如上所述,不少求助者利用信息披露的非强制性和网络信息的虚拟性,故意隐瞒信息或者夸大事实,以同情为由透支社会的公信力,为自己谋取私利。求助信息披露不实主要包括如下两种类型:一是发布虚假信息。比如在"犬口救童事件""杨彩兰天津爆炸事件""知乎女神事件"中,求助发起人发布的信息均为捏造编纂;二是遗漏关键信息。例如,求助信息发布在不同程度的信息遗漏。现有政策规定,个人网络求助的信息披露具有非强制性和自主性,个人在发布求助信息前需要提供个人身份证明、诊断证明以及求助者跟患者之间的关系证明,由网络募捐平台进行真实性的审查,家庭房屋财产状况、家庭车辆财产状况、保险状况属于"增信补充说明",平台没有强制要求。在实际捐助活动中,受助者的经济条件是捐助者考量的一个重要方面,隐瞒真实经济状况进行求助存在欺诈嫌疑。2016年底的"罗尔事件",求助人名下有三套房产、两辆汽车和一个广告公司,经济条件良好,但他隐瞒自己的经济情况,发布感人肺腑的文章博取网友同情、大肆敛财,凭借良好的营销策划,募集到善款多达 263.7 万元,被称为"带血的营销"。

3.善款流向不明

筹集到的善款由求助者个人支配使用,公众无法获悉善款的具体流向。个人网络求助的主体大多是因为经济上存在困难,救助也大多以募款的形式进行。虽然为了保证善款流向的公开性和透明性,新浪微公益明确规定,善款一旦超过 1 亿元,必须进行信息披露与监管,网民可在相关页面查询每一笔款项的账目明细。① 但从实际看,捐款资金超过 1 亿元的微公益项目却寥寥无几。数据显示,2012 年,新浪微公益善款流向明细的公开率只有 4.7%。② 个人在获得筹款后,平台方完成项目,不对善款的后续使用进行追踪,善款最终属于个人支配,使用途径和具体明细的公开完全取决于求助者个人,如果受助者不及时公开善款使用情况、提供有效的账目清单、或者隐匿消息,社会公众无法进行监管。③ 如在"柯江事件"中,尽管"博爱之家"慈善组织极力劝阻,柯江依然不顾反对坚持汇款给台湾医院致使损失善款 5.7 万美元,然后将余下的 30 余万美元善款用于女儿美国治疗。④ 但是,截至目前,账单明细和有关信息尚未公布,对于柯江本人是否回国也不得而知。

(三)政府监管跟进缺失

1.缺乏活动监管依据

现有的法律法规没有规定明确的政府行政部门对"微公益"进行事前监管或常规监管。实践中通常是在发生网络募捐纠纷或网络诈捐、骗捐等违法行为后,由公安机关或司法部门依据《慈善法》《刑法》或《民法》的相关规定进行处罚和规范。⑤ 由于法律未曾规定求助者存在信息披露义务,也没有对"无欺诈行为但留有剩余善款"的情形进行规定,所以政府无法依据现有法律

---

① 贝晓超.社交媒体线上救灾新模式——新浪微博成为寻人、捐助最便利通道[J].新闻战线,2013(5):24-26.
② 张银锋,侯佳伟.中国微公益发展现状及其趋势分析[J].中国青年研究,2014(10):47.
③ 李梦婷.个人网络求助行为失范的合作治理研究[D].杭州:浙江工业大学,2019.
④ 李梦婷.个人网络求助行为失范的合作治理研究[D].杭州:浙江工业大学,2019.
⑤ 桑小敏.我国网络募捐行政监管法律制度的缺失与构建[D].南京:南京航空航天大学,2013.

对网络骗捐等失范行为作出合理并合法的处罚。例如,在"小凤雅事件"中,当事人去世后,剩余善款无法继续用于"治疗疾病"这一特定目的,最终被交给当地慈善会,①与私法规范相冲突。在平台方面,政府同样面临立法不足、缺少监管依据的尴尬局面。2017 年 2 月和 8 月民政部门以"对求助信息审查不严、信息发布不规范"为由对轻松筹平台进行约谈,但仅为约谈,没有采取进一步的惩罚。② "微公益"作为新兴事物不断发展,而如何对众筹行为进行有效监管仍处于探索阶段,出现"该管"而不知"如何管"的局面。③ 究其原因,在于我国的慈善网络立法尚未形成体系化。④ 目前我国涉及慈善事业监管的法律法规主要包括国务院 1998 年颁布的《社会团体登记管理条例》《民办非企业单位登记管理暂行条例》、2004 年颁布的《基金会登记管理条例》以及全国人大常委会 1999 年颁布的《中华人民共和国公益事业捐赠法》等。可见,现有的法律尚未明确政府在慈善活动管理中的主体地位,政府对"微公益"规制存在合法性缺失、权责范围不明晰等问题,⑤政府监管便陷入无法可依的窘境。进而言之,尚没有相关的法律法规对公众参与个人求助过程的权利与义务予以明确规定,政府就无法有效管理个人网络求助行为。⑥ 现行法律法规虽允许个人求助,但对此却未做出任何具体的规定。民政部同样也注意到了此类问题的解决,在慈善法实施工作进程中表明立场,认为在《慈善法》的立法过程中,个人求助是一个备受争议的问题,虽然暂未将其纳入法律法规中,但是将做进一步的研究。⑦

2.政府监管主体不明确

我国慈善事业的政府监管体制是一种多元化监管主体、双重管理体制,尚未有统一专门的慈善监管部门,政府在网络慈善活动中的角色定位、权限与职责范围不明晰,致使整个活动流程有效监管不足。和传统慈善的属地管

---

① 叶婷婷.论个人网络求助行为应受慈善法调整[J].北京政法职业学院学报,2019(02):36-41.

② 李梦婷.个人网络求助行为失范的合作治理研究[D].杭州:浙江工业大学,2019.

③ 王丹阳.慈善法视域下网络众筹平台的规制路径——以"轻松筹"为研究样本[J].天津法学,2017(03):45-50.

④ 刘文廷.从"罗一笑"事件看我国个人网络募捐立法问题[J].攀枝花学院学报,2017(S1):4-6.

⑤ 王可循."微慈善"的政府规制研究[D].上海:东华大学,2015.

⑥ 桑小敏.我国网络募捐行政监管法律制度的缺失与构建[D].南京:南京航空航天大学,2013.

⑦ 薛军.理解平台责任的新思路[EB/OL].中国政法大学第 92 期法治政府论坛"平台治理与平台责任"发言稿.(2016-05-30)[2016-10-17].http://fzzfyjy.cupl.edu.cn/info/1223/5233.htm.

理不同,网络求助打破了地域和空间的限制,政府的主体权限需要更明确、更综合。我国的公益活动主要由审计部门进行监督,缺乏专业的监管主体,且审计部门内部并未专门设立网络公益监管部门,应对大型网络公益募捐时,缺乏对网络捐赠行为的同期监管能力。[①] 同时,由于我国慈善准入条件过高,许多民间慈善组织无法通过合法程序登记注册,以此获得合法资格进行慈善活动。因此,民间慈善组织难以从上述法律法规所提及的多元监管主体中找到明确具体的政府监管主体,致使长期处于无监管状态。[②]

3.缺少行业合法化引导

政府缺少引导和帮扶"微公益"合法化运营、发展的法规依据。行业的长远发展需要源源不断的人才支撑。在慈善领域人才流失现象明显,薪酬待遇低成为中国慈善组织留住人才的最大挑战。[③]《慈善法》在第六章第六十条规定,年度管理费用不得超过当年总支出的10%。此项条款将直接限定了从业人员的工资水平。从业人员的待遇合法化问题是很多民间微公益活动运作受困的重要因素。"各司其职、各取其酬"是指用合理的薪酬聘请专业人员长期从事专业工作,应是行业健康发展的正确方式。但因为慈善事业的行业属性存在特殊性,导致这一形式反而让微公益事业的持续发展陷入困境。[④] 除此之外,在我国慈善事业双重管理体制下,民间组织由于找不到挂靠单位而无法进行合法注册登记,或是考虑到较高的注册门槛和成立之后的运作维持问题,便转而以企业或草根组织的身份来开展慈善活动,不利于慈善事业的持续发展。[⑤]

(四)平台治理能力薄弱

随着"微公益"事业的快速发展,平台自身建设和个人网络求助管理问题也日趋显现。特别是在2017年12月,轻松筹"骗捐"事件的发生成为社会公众关注的焦点,使得公众开始质疑网络募捐平台是否具有专业性,"众筹"平

---

① 刘文廷.从"罗一笑"事件看我国个人网络募捐立法问题[J].攀枝花学院学报,2017(S1):4-6.

② 邹世允,李忠勋.完善我国民间慈善事业监管制度的研究[J].辽宁师范大学学报(社会科学版),2012(04):452-457.

③ 贝恩公司,全球联合之路.中国互联网慈善:激发个人捐赠热情[R].2019.

④ 何霞.困境与超越:民间微公益项目合法性问题研究[J].青年探索,2015(01):36-43.

⑤ 王可循."微慈善"的政府规制研究[D].上海:东华大学,2015.

台引发了"众愁"。① 当前公益募捐平台主要存在自律意识不强、监管机制不健全、反馈机制不完善等问题。

1. 自律意识不强

网络募捐平台具有庞大的用户基础,但慈善事业健康有序发展有赖于平台的自我约束,②如果其自律意识不强,极易产生严重的不良社会影响,进而影响"微公益"事业的发展。以"轻松筹"平台为例,注册用户已经破亿,成为一个标志性的互联网募捐和求助平台。③ 但在 2017 年 12 月 11 日,有民众通过网络质疑轻松筹在医院投放的商业宣传广告存在过度宣传与违规宣传。媒体记者据此调查,发现广告宣传其平台是:"唯一合法筹款类平台,民政部官方指定平台!"而事实上,《慈善组织互联网公开募捐信息平台基本管理规范》明确规定,平台在对外商业广告宣传中不应使用"官方指定互联网公开募捐平台"等相关字样的信息,轻松筹此举明显违规。2018 年 10 月 19 日,爱心筹、轻松筹和水滴筹三大网络筹款平台在北京联合发布《个人大病求助互联网服务平台自律倡议书》和《个人大病求助互联网服务平台自律公约》,承诺将对平台进行技术升级改造,包括明确告知用户大病求助不属慈善募捐、加强求助信息前置审核、建立失信筹款人黑名单等多项举措,④自律公约虽然对个人大病求助收款方做了限定,但对于筹集款项最终用途却无力监管。最重要的是倡议书和自律公约均没有强制性,很难得到其他网络平台的响应和认同。⑤ 此外,网络公益慈善活动缺乏科学、统一的行业规范、发展规划,会导致多数公益慈善组织和平台企业因所提供的公益服务同质化而存在明显的无序竞争问题。

2. 监管机制不健全

求助信息均经由网络慈善平台发布,平台是网络慈善活动的发端,因而

①　王可循."微慈善"的政府规制研究[D].上海:东华大学,2015.

②　闫梦."互联网+慈善"的伦理审视[D].石家庄:河北经贸大学,2019.

③　规范网络个人求助,"轻松筹"不能太轻松[N].深圳晚报,2017-2-17.

④　南方日报.解忧背后,网络筹款仍存"信任危机"[N]. (2018-10-25)[2022-7-30]. http://epaper.southcn.com/nfdaily/html/2018/10/25/content_7759146.htm

⑤　筹款超 400 亿! 三大网络筹款平台发布个人大病求助自律公约[EB/OL]. (2018-10-20)[2019-05-27]. http://static.nfapp.southcn.com/content/201810/20/c1588170.html? from=timeline&isappinstalled=0.

平台的监管是慈善活动监督体系的第一道防线。[①] 但目前尚未明确网络平台信息核查的程序与手段,公益平台的监管也无依据。据《每日经济新闻》报道,网民在 2015 年共举报轻松筹超 1150 次,平均每天就有 3 次投诉,并且投诉的原因大多关于募捐信息的真实性以及疑似骗捐等。[②] 个人通过网络慈善平台进行求助的整个流程大致如下:填写信息(包括身份证、病例资料、受捐赠者银行卡、医院诊断资料、患者医院照片、家庭财产情况等)—(审核通过后)分享转发—收到捐款—审核提现。[③] 平台只需要核查求助者发布信息的真实性以及对受助者善款的提现情况进行监管。受专业人才缺乏、审核信息量大、捐助款物庞杂等因素的影响,网络慈善平台管理者难以实现核查求助信息完全真实,甚至信息审核问题也只能向求助者声明,个人求助信息的真实性由发起者本人负责。因此,网络平台发布的求助信息往往是泥沙俱下、真假难辨。[④] 网络慈善平台管理机制的不完善引发各种"诈捐""骗捐"事件的屡屡发生,致使社会公众质疑平台的专业性。

3.反馈机制不完善

网络公益组织的公益募捐信息透明度相对较低,尚未建立起完善的信息公示制度、善款使用反响机制与反馈机制,[⑤]普遍存在信息披露不及时、善款剩余处置不明、项目运营评估反馈缺失等问题。透明度、真实性与可信性是民众参与的重要影响因素,也是公益事业有序发展的重要基石。[⑥] 在善款使用方面,依托互联网信息技术,"微公益"项目完全能够实现公开透明。但是据统计,2012 年新浪"微公益"善款流向明细的公开率仅为 4.7%。从网络慈善平台筹款项目的运行流程看,整个流程以项目的核查通过作为结束,后续反馈信息由受捐者自己公示,平台不再主动追踪募捐进展,向捐赠者公布相关信息。缺少公益项目的跟进和反馈,公众无法监管善款的用途和余款的流向,会引发滥用善款的失范行为。平台的反馈机制在整个项目运作中不可或

---

① 闫梦."互联网+慈善"的伦理审视[D].石家庄:河北经贸大学,2019.
② 李梦婷.个人网络求助行为失范的合作治理研究[D].杭州:浙江工业大学,2019.
③ 李梦婷.个人网络求助行为失范的合作治理研究[D].杭州:浙江工业大学,2019.
④ 柯凤华.网络募捐的规范化研究[D].广州:暨南大学,2008.
⑤ 贾识渝."互联网+慈善"面临的困境及对策的研究[D].武汉:华中师范大学,2017.
⑥ 贝晓超.社交媒体线上救灾新模式——新浪微博成为寻人、捐助最便利通道[J].新闻战线,2013(05):24-26.

缺,反馈机制不完善,公众无法知道项目的具体进展和状态,对平台专业性产生怀疑,对公益项目不再信任。

(五)社会力量监督乏力

1.社会公众参与度不高

社会公众不仅是"微公益"的发起者、参与者和受益者,还是"微公益"项目审查上线和规范运行的重要监督力量,社会公众监督的缺失,会直接影响公众参与行为,进而影响"微公益"发展。2016年,中国社会捐赠总量占GDP比例仅为0.2%,捐赠者总数占总人口比例为7%,捐赠者渗透率较低。[①] 2018年,《世界捐助指数》显示,我国(大陆地区)在参评的146个国家(地区)中仅排142位。[②] 虽然基于互联网发展的"微公益"在一定程度上激发了公众捐赠的热情,但中国的慈善公众参与度仍比较低,目前网络公益慈善文化氛围也不够浓厚,公众慈善意识仍较薄弱。慈善意识的薄弱不仅体现在实际参与公益活动的行为偏少,同样表现在对整个公益项目运行过程的关注。公众的多数捐款行为多出于一时兴起,对后续的项目进展以及善款流向等并不关心。由于对网络公益慈善行为的社会监督意识不强,在参与"微公益"活动之后,很少会再去持续关注公益活动的进度和相关信息,更不会积极主动监督公益项目的运行。《中国青年报》社会调查中心发布的《网络募捐抽样调查报告》显示,曾关注或监督捐款资金的去向的公众仅占31.5%。而少部分关注项目运行进展的群体,因现有网络求助的相关法律、行业规范较少,缺少足够的监督权,难以参与信息审核过程、明确善款的使用途径,监督作用发挥不明显。网络求助"骗捐"、"诈捐"、滥用善款等事件的频发,加上社会公众监督权利严重缺乏,公众的捐赠热情转而成为"愤怒""不信任"等负面情绪,本就不太浓厚的慈善文化氛围掀起一股不良风气,长此以往不仅慈善事业难以持续发展,社会诚信体系也会遭到破坏。

2.第三方监督机构缺失

"微公益"打破了传统慈善受空间和地域的限制,受众面和覆盖面广,虽

---

① 贝恩公司,全球联合之路.中国互联网慈善:激发个人捐赠热情[R].2019.
② 慈善救助基金会.世界捐助指数.[EB/OL].(2018-10-12)[2022-7-30].https://www.cafonline.org/aboutus/publications/2018-publications/caf-world-giving-index-2018.

然政府监管仍然是主力,但其自身资源的有限性,意味着监管"微公益"活动同样需要第三方监督机构的参与。第三方监督机构能够有效弥补政府监督的缺陷,辅助政府监管,利于客观、公正地监督公益项目筹得善款的使用、流向等有关情况,及时、正确地引导公众的捐助行为。新浪微公益专门设立了证实方,以确保项目的真实性与可靠性,但是存在84.5%的情况是项目发起方与证实方为同一人,出现了"谁发起,谁证实"的问题。这类现象表明,"微公益"项目的证实大多都流于形式,并未真正受到第三方的严格监管。① 第三方监督机构的缺失,使得我国面对网络求助立法缺失、各种行为失范频发等问题时监管乏力。

3.媒体舆论监督不力

作为重要的信息传播平台,新媒体不仅能够影响社会舆论风向,还担负着社会监督的重任,是社会监督的重要组成部分。Gibelman 等对媒体的文本分析后指出,只要媒体对发生的慈善丑闻进行渲染与报道,民众就会重新审视整个慈善行业,并降低公益众筹救助的成就感。② 目前我国对"微公益"组织相关的社会监督力量薄弱,新闻媒体对网络微公益行为的监督意识欠缺,报纸、电视、广播等媒体对"微公益"的关注度不高,无法进行有效、及时的信息获取和监督,难以引导公众对"微公益"活动进行关注和参与。部分媒体不仅没有意识到身负的监督责任,甚至与诈捐者合作发布虚假求助信息。例如,"犬口救童事件",求助人杨某联系当地电视台工作人员,该人员清楚该信息为杨某编造,但是依然帮他发布宣传。③ 同时网络慈善立法的滞后性与新媒体舆论监督立法的不完善,导致新媒体的舆论监督权难以获得法律的保障,影响新媒体发挥社会舆论监督作用。④ 随着互联网信息技术的发展,新媒体在传播信息方面的影响日益广泛,缺少舆论监督,公众获取信息能力有限,无法知悉网络求助出现的失范行为,严重限制了社会监督的效力。

---

① 张银锋,侯佳伟.中国微公益发展现状及其趋势分析[J].中国青年研究,2014(10):47.

② Gibelman M, Gelmansr. A Loss of Credibility: Pattern of Wrong Doing among Nongovernmental Organizations[J]. Voluntas International Journal of Voluntary&Nonproit Organizations, 2004,15(4):355 -381.

③ 李梦婷.个人网络求助行为失范的合作治理研究[D].杭州:浙江工业大学,2019.

④ 桑小敏.我国网络募捐行政监管法律制度的缺失与构建[D].南京:南京航空航天大学,2013.

第四章

民间"微公益"行为政府规制的制度实践

一、民间"微公益"行为政府规制的必要性

（一）社会"志愿失灵"的挑战

"志愿失灵"理论最早是由美国约翰·普霍金斯大学教授莱斯特·M.萨拉蒙提出的。萨拉蒙基于对政府与第三部门之间关系的研究提出该理论，指出"志愿部门志愿方式的缺陷在于无法产生充足而可靠的资源"[①]。萨拉蒙认为，"志愿失灵"是指以志愿方式满足并促进公共利益的志愿部门非营利组织，志愿方式供给公共产品与服务存在功能和效率上的困境，志愿部门及志愿活动运作过程中存在种种缺陷，致使志愿活动无法正常进行的现象。[②] 具体包含慈善不足、慈善的特殊主义、慈善的家长式作风、慈善的业余主义四个方面的内容。

当下，民间"微公益"行为中出现的失范问题，实际上是社会"志愿失灵"的一种表现形式，体现了"志愿失灵"理论中"慈善不足"这一内容。一方面，部分公益组织和发起人存在"骗捐""诈捐"等问题，平台企业之间的恶性竞争和逐利本性，都会导致慈善不足。例如，"知乎女神诈捐事件""罗尔事件""小凤雅事件"等。另一方面，慈善募捐本身不能保证获得稳定充足的爱心资源。

---

① 莱斯特·M.萨拉蒙.公共服务中的伙伴——现代福利国家中政府与非营利组织的关系[M].田凯,译.北京:商务印书馆,2008:47.

② 蔡文佳.我国微公益组织志愿失灵及治理路径研究[D].大连:大连海事大学,2019.

知名的"水滴筹"被公众质疑为"公益变生意",网络公益平台因运行不当遭遇信任危机,影响到整个网络互助行业。据此可以发现,网络公益平台和公益组织并不能完全确保求助者信息真实,部分网络公益平台和公益组织仅要求审核求助者的相关证件照片或者扫描件,这种审查实际上流于形式,存在诈捐、骗捐的巨大风险。同时,也未对受助者使用资金的情况进行监督与管理,①善款的去向不能做到透明公开,导致一些虚假求助者很容易钻空子,谎报筹款金额来骗取额外的利益。这些问题不仅破坏了社会信任体系,还伤害了社会公民慈善热情。之所以会出现这些问题,主要是由于两个方面原因:一是源于"微公益"组织内部自律治理能力和自律意识薄弱,部分"微公益"发起人动机不纯、法制观念淡薄;二是由于国家立法缺失、行政监管体制落后以及缺乏社会监督和社会公益文化等外部原因。由此可见,对民间"微公益"行为采取有效政府规制迫在眉睫。

民间"微公益"行为所面临的"志愿失灵"带来的挑战主要表现在:一方面,志愿团体持续开展活动,试图对弱势群体进行救助,社会各界也对其进行关注与支持;但另一方面,弱势群体仍然未能获得有效帮助或受助群体间的救助资源配置不公平、不合理。总之,受助群体获益远低于社会大众提供的救助资源。② 由于公益组织自身存在的缺陷和社会外部干扰带来的挑战,民间公益组织也会出现失灵的情况。然而,民间"微公益"作为我国公益慈善事业不可或缺的组成部分,尽管"志愿失灵"问题不可避免,但其仍能有效发挥有力的慈善功能和作用。这就要求政府正视民间"微公益""志愿失灵"问题,依法履行社会管理与公共服务职能,③在民间"微公益"运作中扮演好监管者与引导者的角色,消解其运行中的社会"志愿失灵"问题,不断激发民间社会公益资源的活力,促使公益资源得到最优化的配置和利用。

(二)市场力量的资本"侵蚀"

我国网络公益事业发展尚处在起步阶段,民间"微公益"行为在凭借互联网、新媒体等技术支持的同时,忽视了市场力量对社会公益的影响和侵蚀。

①　石凤刚.网络募捐平台存在的问题及监管制度构建[J].佳木斯职业学院学报,2016(09):471.
②　罗莹.中国互联网公益平台的发展与战略研究[D].上海:上海交通大学,2015.
③　蔡文佳.我国微公益组织志愿失灵及治理路径研究[D].大连:大连海事大学,2019.

市场主体本身是逐利的。在整个市场环境中,只有作为市场主体的个人、单位组织或企业坚守公益慈善价值、具备良好的内在道德自律意识和能力,才能有效保证"微公益"的有序运行和健康发展。然而,有些个人和公益平台企业却违背了公益慈善的宗旨,在发起或参与"微公益"行动时,有意从事"骗捐""诈捐""滥用善款"等违规活动,市场主体的逐利本性逐渐显露。例如,"知乎女神事件""杨彩兰事件""犬口救童事件""小凤雅事件"等。在发起网络捐助过程中,有些公益组织内部管理混乱,涉嫌行政管理费用超支,抑或存在为提高公益组织的知名度、美誉度,进行过度公益营销之嫌,比如账目管理混乱的"上海一公斤公益发展中心"、小传旺救助事件中备受争议的"天使妈妈基金"等。有些企业假借公益慈善之名,为企业品牌或公司形象开展商业化营销,涉嫌用企业利益绑架公益慈善。例如,"罗尔事件"中的小铜人公司、网上发起"失联儿童守护站"的链家门店等。

由于受市场主体本身的逐利本性的限制,解决"微公益"失范问题,不能单靠市场力量自身来解决,而需要通过政府规制这只看得见的"手"进行调节和规制。

具言之,一方面,各个平台企业通过互联网抢夺公益资源,导致公益组织的公信力降低。随着平台企业相继利用商业领域常见的商业营销、资本运作等工具手段,抢夺公益资源,来为网络公益和企业自身谋求巨大效益,部分网络技术也已经应用于公益领域。例如,机器人刷单被应用于公益募捐活动中,最典型的案例为2017年腾讯"99公益日"机器人疑似刷单事件,部分公益组织期望争得更多的配捐额,运用诸如网络商户的技术手段进行捐赠额、捐赠人数量等数据的刷单,[①]从而营造公益项目广受好评、捐赠额大的虚假景象,进而获取爱心企业和广大网友群众的配捐。部分追逐利益的平台企业和部分公益组织,不惜违规甚至违法利用技术手段和技术工具进行恶意套捐,以争得更多的公益资源,该行为不仅阻挠其他公益组织公平合理地获得公益资源,冲击了网络公益的规则,也伤害了爱心企业和社会公民的慈善热情,导致公益组织的公信力受到质疑。

另一方面,缺少有效的网络公益慈善行业性管理规范。目前尽管有"爱心筹""轻松筹""水滴筹"三家互联网信息平台企业签署的行业自律公约,但

---

① 赵文聘.网络公益发展中的瓶颈问题及其消解[J].理论探索,2019(03):95-102.

其他网络平台对该行业自律倡议响应者不多,"微公益"等网络公益慈善活动仍缺乏科学、统一的行业规范、发展规划,多数公益慈善组织和平台企业因所提供的公益服务同质化而存在明显的无序竞争问题。同时,网络公益发展的支持型社会组织和"看门狗"组织成长缓慢,且数量极为有限,许多"微公益"项目因缺乏运作资金和网络传播媒介运营能力薄弱而流产,行业发展中第三方独立的专业化监督、评估工作也难以有效推进。

(三)政府规制的不当干预

"微公益"凭借 Web2.0 及以上信息技术支持的社交媒体、网络论坛、购物网站等平台迅猛发展,实现了全民参与创造社会公益价值。但与此同时,一些诸如法律制度规范缺失、政府部门监管缺位、网络平台治理能力薄弱等问题逐渐显现出来,接连引发了一系列"骗捐""诈捐"等失范问题的发生,直接损害了社会公共利益,打击了公民参与社会公益的热情,若不及时采取相应的措施,任由"微公益"自发发展,必将导致社会信任体系遭受重创,严重阻碍我国的慈善事业发展。作为社会多方跨界合作的产物,当"微公益"因其自治管理不善进而损害社会公共利益时,政府规制就应当介入,引导其健康发展。本书将从以下两点阐述政府规制的合理性。

1.政府职能的内在要求

党的十八届三中全会在部署全面深化改革工作时强调,必须切实转变政府职能,深化行政改革,创新行政管理方式,增强政府公信力和执行力,建设法治政府和服务型政府。我国政府是行使公共权力、治理公共事务的主体,政府职能具有多样性及动态性特征,其范围包括政治职能、经济职能、社会服务职能、文化职能等涉及人们社会生活的各个方面。同时,随着改革开放的深入推进,我国步入了中国特色社会主义事业发展的新阶段,我国政府治理的范围及方法也发生了较大改变。"微公益"行为属于社会治理和公共服务范畴,在政府管辖范围之内,我国政府对"微公益"行为的管制发挥了政府自身的社会管理职能,履行了社会治理的基本责任,是以构建社会主义和谐社会、谋求社会的公共利益为根本出发点。习近平总书记强调,慈善事业是惠及社会大众的事业,是一种具有广泛群众性的道德实践。[①]这深刻指出了公益慈善的本质,公益慈善必须基于并服务社会大众需求。当前我国正加快建设社会主义现代化国家,政府正逐步转变管理理念,越来越将工作重心放到社会治理上,逐步改变以往的"大政府"形象,将部分权力赋权给社会,培养社会的自我管理能力,致力于创建善治的美好社会。"微公益"的发展与这一理念相契合,是对政府赋权社会、社会自我管理能力提高以及培养民众自我管理能力的客观要求。

激发民间社会公益资源的活力,实现公益资源得到最优化的配置和利用是政府的基本职责之一。"微公益"作为第三部门的重要组成部分,为社会提供了许多优质高效的社会服务和公共产品,弥补了社会公益事业发展的不足,缓解了政府在社会管理上的压力。但"微公益"在其发展的过程中也产生诸多社会问题,诸如市场主体因为其自身的逐利性,使得无法依靠市场或者"微公益"平台有效地解决"微公益"的负面效应外溢。而政府引导、扶持"微公益"规范运行、健康发展,能充分发挥了第三部门的优势,增加了社会服务和公共产品的提供。因此,作为治理公共事务的主体,政府需要积极扮演好"监督者""引导者""助力者"的角色,为"微公益"的健康发展提供必要的政策法律支持、营造良好的外部发展环境。

2. 新时代民间社会力量健康发展的需要

"民间社会"在西方具有一个较为复杂的历史发展脉络,它最早出现于古希腊。在西方语境中,"民间社会"包括三个方面的内容:市场经济、志愿组织、独立的司法。在中国,我们已经有了较为完善的市场经济和相对独立的司法体系,需要构建一种全新的或者说有中国特色的公共社会空间。有学者总结出这样的民间社会包含四个重要前提和三个相应的体系。这四个前提分别是:法治国家、政治民主、有限政府和市场经济。这是把中国社会建设和发展成为善治社会的必要条件,善治社会与这四个前提相得益彰,相互促进。在四个前提的共同作用下产生了三个体系:第一,结社生态系统。这一系统包括我们在社会生活层面、社区中、慈善中和网络中看到的自由系统。第二,公民的精神体系。这一精神体系包括我们基于社会认同、信任及组织网络形

---

① 习近平.习近平在浙江慈善大会上强调齐心协力发展慈善事业同心同德建设和谐社会[N].浙江日报,2006-12-13.

成的公共价值、多元文化、社会资本与道德理论。第三,公共协商领域。这是基于社会公平、正义形成的公民对话、商谈与积极影响公共权力的领域①。

具有公共性的社会空间是理解现代慈善和现代社会的另一个视角。特别在社会转型期,市场化以及媒体公共空间的形成,赋予个人更大的自主性和独立性,媒体公共空间中的参与主体是那些身份共享平等的公民,他们理性的目标是追求公共的善。面对计划慈善到公民公益的转型,"微公益"以信息最大公开和每个人都能参与的方式,强调个体创造社会价值和个体承担社会责任。这不仅成为中国公益慈善发展的一个拐点,更是走向社会善治的一种尝试。因此,在创新型政府治理不断完善的今天,"微公益"的发展,弘扬了社会主义核心价值观,有助于公民提高其自我管理意识以及对社会公共事务的责任感。"微公益"的发展与社会公共空间的培养、互助价值的增进是紧密相连的,如何在政府的适当引导下协助"微公益"的持续、健康成长,既是每一位有社会责任感的公民应当思考的话题,也是推动新时期社会力量健康发展的迫切需要。

二、民间"微公益"失范政府规制的法规制度

(一)民间"微公益"行为政府规制的制度依据

1. 立法和帮扶政策

依照国家政策和法律法规,立法机关要进一步完善立法,政府在政策上要加强引导和帮扶。具体制度依据如下:

《慈善法》第九十二条规定:"县级以上人民政府民政部门应当依法履行职责,对慈善活动进行监督检查,对慈善行业组织进行指导。"

《基金会管理条例》第三十五条规定:"基金会业务主管单位履行下列监督管理职责:(1)指导、监督基金会、境外基金会代表机构依据法律和章程开展公益活动;(2)负责基金会、境外基金会代表机构年度检查的初审;(3)配合登记管理机关、其他执法部门查处基金会、境外基金会代表机构的违法行为。"

---

① 王名.现代慈善与民间社会——实践发展、制度建设与理论研究[J].北航法律评论,2014(00):243.

《国务院关于促进慈善事业健康发展的指导意见》(国发〔2014〕61号)中提到,"要强化规范管理。加快完善相关法规政策,规范和引导慈善事业健康发展。"

2. 监管和社会监督

政府需要加强对"微公益"行为的监管,依法要求公益组织做到信息公开,接受社会公众的监督。具体制度依据如下:

《合同法》第十一章赠与合同第一百九十条规定:"赠与可以附义务。赠与附义务的,受赠人应当按照约定履行义务。"第二十一章委托合同第四百零一条规定:"受托人应当按照委托人的要求,报告委托事务的处理情况。委托合同终止时,受托人应当报告委托事务的结果。"

《慈善法》第十章第九十二条规定:"县级以上人民政府民政部门应当依法履行职责,对慈善活动进行监督检查,对慈善行业组织进行指导。"

《民办非企业单位登记管理暂行条例》第一章第四条规定:"民办非企业单位应当遵守宪法、法律、法规和国家政策,不得反对宪法确定的基本原则,不得危害国家的统一、安全和民族的团结,不得损害国家利益、社会公共利益以及其他社会组织和公民的合法权益,不得违背社会道德风尚。民办非企业单位不得从事营利性经营活动。"

《民办非企业单位登记管理暂行条例》第四章第二十一条规定:"办非企业单位的资产来源必须合法,任何单位和个人不得侵占、私分或者挪用民办非企业单位的资产。"

《社会团体登记管理条例》(2016年修订)第一章第四条规定:"社会团体必须遵守宪法、法律、法规和国家政策,不得反对宪法确定的基本原则,不得危害国家的统一、安全和民族的团结,不得损害国家利益、社会公共利益以及其他组织和公民的合法权益,不得违背社会道德风尚。社会团体不得从事营利性经营活动。"

《社会团体登记管理条例》(2016年修订)第五章第二十六条第三款:"社会团体接受捐赠、资助,必须符合章程规定的宗旨和业务范围,必须根据与捐赠人、资助人约定的期限、方式和合法用途使用。社会团体应当向业务主管单位报告接受、使用捐赠、资助的有关情况,并应当将有关情况以适当方式向社会公布。"

《国务院关于促进慈善事业健康发展的指导意见》(以下称"指导意见")

中规定:"要依法依规对自然人、法人和其他组织开展的慈善活动进行监管,及时查处和纠正违法违规活动,确保慈善事业在法制化轨道上运行。"

"指导意见"中强调,要加强对慈善组织和慈善活动的监督管理:(1)加强政府有关部门的监督管理。民政部门要严格执行慈善组织年检制度和评估制度。要围绕慈善组织募捐活动、财产管理和使用、信息公开等内容,建立健全并落实日常监督检查制度、重大慈善项目专项检查制度、慈善组织及其负责人信用记录制度,并依法对违法违规行为进行处罚。(2)公开监督管理信息。民政部门要通过信息网站等途径向社会公开慈善事业发展和慈善组织、慈善活动相关信息,具体包括各类慈善组织名单及其设立、变更、评估、年检、注销、撤销登记信息和政府扶持鼓励政策措施、购买社会组织服务信息、受奖励及处罚信息、本行政区域慈善事业发展年度统计信息以及依法应当公开的其他信息。(3)强化慈善行业自律。要推动建立慈善领域联合型、行业性组织,建立健全行业标准和行为准则,增强行业自我约束、自我管理、自我监督能力。鼓励第三方专业机构根据民政部门委托,按照民政部门制定的评估规程和评估指标,对慈善组织开展评估。相关政府部门要将评估结果作为政府购买服务、评选表彰的参考依据。(4)加强社会监督。畅通社会公众对慈善活动中不良行为的投诉举报渠道。相关行业性组织要依据行业自律规则,在职责范围内及时协调处理投诉事宜。相关政府部门要在各自职责范围内及时调查核实,情况属实的要依法查处。切实保障捐赠人对捐赠财产使用情况的监督权利。支持新闻媒体对慈善组织、慈善活动进行监督,充分发挥舆论监督作用。(5)建立健全责任追究制度。民政部门作为慈善事业主管部门,要会同有关部门建立健全责任追究制度。由批准登记的民政部门会同有关部门对其违规开展募捐活动、违反约定使用捐赠款物、拒不履行信息公开责任、资助或从事危害国家安全和公共利益活动等违法违规行为依法进行查处;对于慈善组织或其负责人的负面信用记录,要予以曝光。

与此同时,地方各级政府深入贯彻"指导意见",相继颁布相关法规制度,提出具体实施意见,加强监督和管理,不断推进民间"微公益"慈善事业的规范化与健康发展。例如,江苏省颁布了《江苏省慈善条例》,总则中提到,地方各级人民政府应当将慈善事业发展作为社会保障体系建设和精神文明建设的重要内容,列入本地国民经济和社会发展总体规划、相关专项计划和年度工作计划。同时,县级以上地方人民政府应当建立由有关国家机关、人民团体和慈善行业组织参与的慈善工作协调机制,加强对本行政区域慈善事业发展的组织领导、统筹协调,指导和推动慈善事业健康发展。并且应当加强慈善活动监督管理能力建设,将慈善活动监督管理所需经费纳入同级财政预算。

上海市在《关于促进上海市慈善事业健康发展的实施意见》(沪府发〔2015〕77号)中强调,"健全完善慈善监督机制。民政部门要严格执行慈善组织年检制度和评估制度,加强依法监管,会同有关部门对违规开展募捐活动、违反约定使用捐赠款物、拒不履行信息公开责任等违法违规行为依法进行查处。"

3. 打击犯罪和追责

对于某些打着慈善和公益的名义从事非法集资、诈捐骗捐等违法犯罪活动的公益组织,民政部门要配合公安机关、司法机关依法严厉打击惩处。具体制度依据如下:

《刑法》(2017年修正)第五章侵犯财产罪第二百六十六条:"【诈骗罪】诈骗公私财物,数额较大的,处三年以下有期徒刑、拘役或者管制,并处或者单处罚金;数额巨大或者有其他严重情节的,处三年以上十年以下有期徒刑,并处罚金;数额特别巨大或者有其他特别严重情节的,处十年以上有期徒刑或者无期徒刑,并处罚金或者没收财产。本法另有规定的,依照规定。"第二百七十三条:"【挪用特定款物罪】挪用用于救灾、抢险、防汛、优抚、扶贫、移民、救济款物,情节严重,致使国家和人民群众利益遭受重大损害的,对直接责任人员,处三年以下有期徒刑或者拘役;情节特别严重的,处三年以上七年以下有期徒刑。"

《刑法》第三章破坏社会主义市场经济罪第一百九十二条:"【集资诈骗罪】以非法占有为目的,使用诈骗方法非法集资,数额较大的,处五年以下有期徒刑或者拘役,并处二万元以上二十万元以下罚金;数额巨大或者有其他严重情节的,处五年以上十年以下有期徒刑,并处五万元以上五十万元以下罚金;数额特别巨大或者有其他特别严重情节的,处十年以上有期徒刑或者无期徒刑,并处五万元以上五十万元以下罚金或者没收财产。"

《慈善法》第十章第九十三条:"县级以上人民政府民政部门对涉嫌违反本法规定的慈善组织,有权采取下列措施:(一)对慈善组织的住所和慈善活动发生地进行现场检查;(二)要求慈善组织作出说明,查阅、复制有关资料;(三)向与慈善活动有关的单位和个人调查与监督管理有关的情况;(四)经本级人民政府批准,可以查询慈善组织的金融账户;(五)法律、行政法规规定的其他措施。"

《中华人民共和国公益事业捐赠法》第一章第七条:"公益性社会团体受赠的财产及其增值为社会公共财产,受国家法律保护,任何单位和个人不得侵占、挪用和损毁。"

《中华人民共和国公益事业捐赠法》第五章第二十九条第一款:"挪用、侵占或者贪污捐赠款物的,由县级以上人民政府有关部门责令退还所用、所得款物,并处以罚款;对直接责任人员,由所在单位依照有关规定予以处理;构成犯罪的,依法追究刑事责任。"

(二)民间"微公益"行为失范政府规制的法律盲区

近年来,网络慈善在我国发展十分迅速,导致规制网络慈善行为的相关政策、法律、法规出现滞后的问题,引起"微公益"失范行为频频发生,严重危害了社会公共利益。随着《慈善法》等相关配套法律法规的颁布和实施,结合《合同法》《刑法》《公益事业捐赠法》等现有法律,我国有关网络慈善领域的法律政策体系正日趋完善,但仍存在如下问题,见表4.1。

表 4.1 "民间""微公益"行为失范的典型案例

事件	发起人	求助渠道	筹款数额/元	失范问题	处理结果
小凤雅求助事件	母亲	水滴筹火山视频	38638	家庭存款、善款使用未披露	余款转交慈善会
佛山婴儿救助事件	叔叔	朋友圈水滴筹	195006	获意外保险赔付263万元未披露	善款退回
罗尔求助事件	父亲	微信打赏p2p公众号	2626919	家庭经济情况、医疗费用未披露	善款退回
犬口救童求助事件	男友	新闻媒体报刊	800000	虚假信息	善款退回
杨彩兰骗捐事件	本人	微博打赏	96576	虚假信息	善款退回;判3年有期徒刑,罚款8000元
知乎女神求助事件	本人	知乎	240000	虚假信息	善款退回;判3~10年有期徒刑

1.法律规定过于空泛

《慈善法》虽然对慈善组织的信息公开、慈善服务、监督管理、法律责任等方面进行了较为全面的规定,但其更偏向于在原则、方向上进行规制,缺少具有直接可操作性的规定。例如,《慈善法》第二十六条规定:"不具有公开募捐资格的组织或者个人基于慈善目的,可以与具有公开募捐资格的慈善组织合作,由该慈善组织开展公开募捐并管理募得款物。"其中对于"不具有公开募捐资格的组织或者个人"以及"具有公开募捐资格的慈善组织",并没有更多具体的描述。而对个人求助,也没有作出明确的规定或者限制,仅仅是要求作出一些风险防范提示。《慈善法》第十二条第二款规定:"慈善组织应当执行国家统一的会计制度,依法进行会计核算,建立健全会计监督制度,并接受政府有关部门的监督管理。"对于"有关部门"并没有更加详细的描述,可操作性低。《慈善法》第三十三条规定:"禁止任何组织或者个人假借慈善名义或者假冒慈善组织开展募捐活动,骗取财产。"其中,"假借慈善名义"也未作界定。因此,法律规定过于宽泛,会造成一定程度的监管缺位,导致法律对"微公益"行为的约束力大打折扣。根据"法无禁止皆可为"的原则,一些不法分子很容易披着"公益慈善"的外衣,开展诈捐、骗捐等行为。这不仅伤害了捐赠者的爱心,也损害了网络慈善的公信力。

2.资质条件审查标准模糊

相关法律制度的缺失是造成"微公益"失范行为发生的主要原因之一。《公开募捐平台服务管理办法》第十条规定:"个人为了解决自己或者家庭的困难,通过广播、电视、报刊以及网络服务提供者、电信运营商发布求助信息时,广播、电视、报刊以及网络服务提供者、电信运营商应当在显著位置向公众进行风险防范提示,告知其信息不属于慈善公开募捐信息,真实性由信息发布个人负责。"换言之,平台不存在法定义务必须对个人求助项目进行审查,再加上由于平台的审核程序以及审核标准参差不齐,导致求助者主体资格审查出现太过主观和不规范的问题。仅仅依靠网络慈善平台的审核,很难调查出这些隐瞒的财产信息,必然会导致并不具备资质条件的募捐项目出现在平台之中。

之前的"罗尔事件",本是一场源于本能的求助行为,可到最后却演变成诈捐、骗捐的恶性事件。这在很大程度上可归因于资格条件审核的不完善。

在罗尔开始公开募捐之前,"微公益"募捐平台并没有对罗尔作出完整的资格审核,特别是罗尔所拥有的三套房产、两辆汽车以及一家广告公司等财产信息都没有被披露出来,而这些信息是在网友质疑和官方介入调查之后才公之于众,捐助者无法接受这一事后的资格调查,认为自己受到了欺骗。此外,"知乎女神事件"也暴露出相同的问题,童某通过谎言营造善良形象"知乎女神",迅速在知乎上圈粉。"她"首先通过另一个小号编造"在校患病大学生"没钱医治、寻求帮助,并在网络平台知乎上发布支付宝账号。与此同时,"知乎女神"声称自己已经去看望、捐助并核实情况,呼吁网友募捐。在"知乎女神"的善良召唤下,捐款达到 6 万元之多,还有许多热心的网友仍继续在捐款。看似圆满的结果背后,所谓的"女神"经网友"人肉",竟然是一个男生,注册小号编造在校患病大学生寻求帮助的虚假信息,利用"知乎女神"在网络平台上的影响力进行公募,募得捐款也直接进入童某自己的腰包。看似荒唐的事件背后,暴露出的是我国"微公益"所存在的资格审查标准不规范的问题。这不仅在某种程度上导致了一系列的"微公益"失范行为的发生,还极大损害了公众的慈善热情,使得"微公益"的公信力大受影响。

3.违规行为难以惩戒

当下尚未出台专门的法律来规范来管制个人网络求助行为。从上述案例中可以发现,政府相关部门对个人网络求助行为失范采取的措施会根据其产生的负面影响的程度而有所不同。换言之,当个人求助过程中发生行为失范时,会依据其失范行为产生的影响程度,来确定对求助者的惩罚措施。对于那些影响程度较小的求助者,大多都只受到了社会大众的道德批判与舆论谴责;而对于涉及大额资金并产生较大影响的,则会以《民法典》中的相关规定,让求助者退还善款等;对于情节严重、影响恶劣的重大案件,则会以《刑法》中的相关规定为依据处以刑事惩罚。

部分求助者在自己完全有能力支付医疗费用的情况下,仍旧通过互联网发布求助信息,而且故意隐瞒其家庭财产等相关情况,当其行为与资格被发现不符合救助条件时,求助者也只需承担公众的舆论谴责或是退还善款,对于求助者本人来说并无什么实质性损失。此外,由于服务定位和性质等存在差异,不同的慈善平台必须承担的义务也有所差别,假设在求助项目运作中因平台监管不力,导致求助行为产生失范问题,在缺乏法律规范依据情形下,也难以对网络募捐平台追责。

4.监管信息披露程度低

从法律角度分析,当前,针对个人网络求助的业务流程,并没有系统地规定各相关主体的权利与义务,个人网络求助方面的相关法律存在很多立法规制盲点,这导致个人网络求助过程中产生求助活动发起主体不受限、信息公开无明确依据以及网络慈善平台监管不规范等问题。[①]

此外,《慈善法》明确规定了个人公开募捐的相关要求,但是并未对个人求助制定任何规定,因而《慈善法》不对个人网络求助存在制约与管控。在几家规模较大的网络募捐平台上,求助者的家庭财产状况等相关信息均作为"增信补充说明"的选填内容,平台无权要求求助者必须对所有信息进行披露以及确保求助者所公布信息完全真实,[②]因此,平台只具有提示义务,而告知捐赠者信息真实性由发布者本人负责。

尽管根据《公开募捐平台服务管理办法》和民政部颁布的《慈善组织互联网公开募捐信息平台基本技术规范》《慈善组织互联网公开募捐信息平台基本管理规范》等行业标准,对网络募捐平台的运作和管理作了相关规定,明确网络募捐平台开设个人网络求助项目需要履行以下义务:审核个人通过网络募捐平台发布的求助信息的真实性,同时网络募捐平台要在显著位置提醒公众,并进行明确的风险提示,[③]告知公众该信息不属于慈善披露,募捐信息的真实性为信息发布者的责任等。但在实际运作中,网络募捐平台需要承担的义务远远不止条例中规定的这些。个人网络求助从发起到结束的整个业务流程包括发起人资格审查、项目的真实性和必要性审查、募捐金额合理性审查、募捐款项使用监管、剩余善款流向监管等环节,其均应属于网络募捐平台的项目管理流程,因此,网络募捐平台对整个求助流程都需要履行监管的义务。然而,现有的法律缺少对这些义务的明文规定,只在平台自身的相关或类似说明中出现过,并不具有强制性。[④]

---

① 李梦婷.个人网络求助行为失范的合作治理研究[D].杭州:浙江工业大学,2019.

② 李梦婷.个人网络求助行为失范的合作治理研究[D].杭州:浙江工业大学,2019.

③ 李梦婷.个人网络求助行为失范的合作治理研究[D].杭州:浙江工业大学,2019.

④ 李梦婷.个人网络求助行为失范的合作治理研究[D].杭州:浙江工业大学,2019.

三、民间"微公益"行为失范政府规制的制度实践

(一)政府规制的监管机构及其职责

2014 年 12 月 18 日,国务院印发了《国务院关于促进慈善事业健康发展的指导意见》①,明确规定民政部门作为监管主体,要围绕慈善组织募捐、财产使用、信息公开等内容,建立健全日常监督检查制度、重大慈善项目专项检查制度、慈善组织及其负责人信用记录制度,并依法对违法违规行为进行处罚;财政、税务部门要依法对慈善组织的财务会计、享受税收优惠和使用公益事业捐赠统一票据等情况进行监督管理;其他政府部门要在各自职责范围内对慈善组织和慈善活动进行监督管理。②《慈善法》中还规定,县级以上人民政府应当根据经济社会发展情况,制定政策和措施以促进慈善事业发展③。

1.民政部门

《慈善法》颁布之后,民政部门成为慈善组织政府监管的关键行动主体④,全国的慈善工作由国务院民政部门统一主管,县级以上的地方各级民政部门主管其行政区域内的慈善工作⑤。"微公益"组织的申请登记以及认定都需要交由县级以上民政部门审查决定⑥,同时"微公益"组织需要每年向民政部门报送包含年度开展募捐和接受捐赠情况、慈善财产的管理使用情况、慈善项目实施情况以及慈善组织工作人员的工资福利情况的年度工作报告以及财务会计报告⑦;民政部门可以依照《慈善法》向人民法院申请对不成立清算组或者清算组不履行职责的慈善组织进行清算,将章程为规定的清算剩余财产转给宗旨相同或者相近的慈善组织并向社会公示⑧,清算结束之后,民政部门可以按规定注销登记的慈善组织并向社会公示;公开募捐之前,

---

① 国务院关于促进慈善事业健康发展的指导意见[J].大社会,2019(02):17-20.
② 新政激发慈善正能量[N].安徽日报,2015-05-07(011).
③ 《中华人民共和国慈善法》第七十七条。
④ 付铭皓.中国慈善组织的政府监管研究[D].呼和浩特:内蒙古师范大学,2018.
⑤ 《中华人民共和国慈善法》第六条。
⑥ 《中华人民共和国慈善法》第十条。
⑦ 《中华人民共和国慈善法》第十三条。
⑧ 《中华人民共和国慈善法》第十八条。

公益慈善组织应该向登记的民政部门申请公开募捐资格,民政部门应当在审核该组织内部治理结构是否够健全、运作是否规范等之后,发放公开募捐资格①;国务院民政部门应当会同国务院财政、税务等部门依照规定制定慈善组织开展慈善活动的年度支出和管理费用的标准②;县级以上人民政府民政部门应当建立健全慈善信息统计、公开和发布制度,并免费提供慈善信息发布服务③;县级以上人民政府民政部门应同其他部门建立慈善信息共享机制④;县级以上人民政府民政部门应当依法对慈善活动进行监督检查,并对慈善行业组织进行指导⑤;县级以上的民政部门对涉嫌违反《慈善法》规定的慈善组织,有权对慈善组织的住所和慈善活动发生场所进行现场检查,要求慈善组织进行说明,同时民政部门可以查阅相关资料,向与慈善活动有关的单位和个人调查与监督管理有关情况,民政部门在经本级人民政府批准之后,可以查询慈善组织的金融账户信息以及其他法律法规所规定的措施⑥;县级以上人民政府民政部门应当建立慈善组织及其负责人信用记录制度,并建立慈善组织评估制度⑦;民政部门在接到单位或者个人投诉、举报后,应当及时调查处理⑧;民政部门应当责令违反规定⑨的慈善组织限期整改,对逾期不改的慈善组织做出吊销登记或责令限期停止活动并进行整改的处罚⑩;民政部门有权没收慈善组织的违法所得⑪;对开展募捐活动违法规定的慈善组织,民政部门有权予以警告、责令停止募捐活动,责令其将违法募集的财产退还给捐赠人。对难以退还的款项,民政部门予以收缴并转给其他慈善组织用于慈善目的⑫;对在慈善事业发展中作出突出贡献的自然人⑬、法人以及其他

---

①　《中华人民共和国慈善法》第二十二条。
②　《中华人民共和国慈善法》第五十六条。
③　《中华人民共和国慈善法》第六十九条。
④　《中华人民共和国慈善法》第七十八条。
⑤　《中华人民共和国慈善法》第九十二条。
⑥　《中华人民共和国慈善法》第九十三条。
⑦　《中华人民共和国慈善法》第九十五条。
⑧　《中华人民共和国慈善法》第九十七条。
⑨　《中华人民共和国慈善法》第九十八条。
⑩　《中华人民共和国慈善法》第九十九条。
⑪　《中华人民共和国慈善法》第一百条。
⑫　《中华人民共和国慈善法》第一百零一条。
⑬　《中华人民共和国公益事业捐赠法》第六条。

组织,民政部门应当予以褒奖①。

2. 审计部门

根据《中华人民共和国审计法》(2006 年修订)第二十三条规定:"审计机关对政府部门管理的和其他单位受政府委托管理的社会保障基金、社会捐赠资金以及其他有关基金、资金的财务收支,进行审计监督。"《中华人民共和国公益事业捐赠法》第二十条第一款规定:"受赠人每年度应当向政府有关部门报告受赠财产的使用、管理情况,接受监督。必要时,政府有关部门可以对其财务进行审计。"从目前实际执行情况看,由于审计工作量大面广、专业性强,慈善组织的年度审计一般由会计师事务所来出具审计报告,而非直接由政府审计机关履行这一职责。

3. 税务部门

《慈善法》第八十条第一款规定:"自然人、法人和其他组织捐赠财产用于慈善活动的,依法享受税收优惠。"税务部门对于慈善组织以及对向慈善组织进行捐赠的企业或个人给予税收优惠政策。第一百零三条规定:"慈善组织弄虚作假骗取税收优惠的,由税务机关依法查处;情节严重的,由民政部门吊销登记证书并予以公告。"由此可见,税务部门对慈善组织有进行税务监督的权力,并有权对慈善组织弄虚作假、骗取税收优惠等行为进行查处。

4. 财务部门

《慈善法》第三十八规定:"慈善组织接受捐赠,应当向捐赠人开具由财政部门统一监(印)制的捐赠票据。"第六十条第二款规定:"具有公开募捐资格的基金会以外的慈善组织开展慈善活动的年度支出和管理费用的标准,由国务院民政部门会同国务院财政、税务等部门依照前款规定的原则制定。"由此可见,财政部门有权制定或参与制定票据使用、管理费用支出等法规标准,并有责任对慈善组织的捐赠票据使用情况、年度支出以及管理费用进行专项检查或者抽查。

5. 公安机关

《慈善法》第一百零四条规定:"慈善组织从事、资助危害国家安全或者社

---

① 《中华人民共和国慈善法》第九十一条。

会公共利益活动的,由有关机关依法查处,由民政部门吊销登记证书并予以公告。"

(二)民间"微公益"行为失范的政府规制历程

在推进社会主义法治国家建设进程中,法律规范是规制民间"微公益"行为失范的重要依据。以制定出台的公益慈善法规为标准,我国"微公益"失范的政府规制历程大致可以分为三个阶段(见表4.2):

表 4.2 "微公益"行为失范主要相关法规

	名称	实施日期	发布单位
法律	《中华人民共和国慈善法》	2016 年 9 月 1 日	全国人大
	《中华人民共和国公益事业捐赠法》	1999 年 9 月 1 日	全国人大
	《中华人民共和国红十字会法》	1993 年 10 月 31 日	人大常委
行政法规	《基金会管理条例》	2004 年 6 月 1 日	国务院
	《民办非企业单位登记管理暂行条例》	1998 年 10 月 25 日	国务院
	《社会团体登记管理条例》	1998 年 10 月 25 日	国务院
	《国务院关于促进慈善事业健康发展的指导意见》	2014 年 11 月 24 日	国务院
国务院规范性文件	《中华慈善奖评选表彰办法》	2014 年 6 月 3 日	民政部
	《慈善组织互联网公开募捐信息平台基本技术规范》	2017 年 8 月 1 日	民政部
	《慈善组织互联网公开募捐信息平台基本管理规范》	2017 年 8 月 1 日	民政部
	《慈善信托管理办法》	2017 年 7 月 26 日	银监会、民政部
部门规章	《关于慈善组织开展慈善活动年度支出和管理费用的规定》	2016 年 10 月 11 日	民政部、财政部、国家税务总局
	《慈善组织公开募捐管理办法》	2016 年 9 月 1 日	民政部
	《慈善组织认定办法》	2016 年 9 月 1 日	民政部
	《慈善捐赠物资免征进口税收暂行办法》	2016 年 4 月 1 日	财政部、海关总署、税务总局
	《救灾捐赠管理办法》	2008 年 5 月 12 日	民政部

1.放任阶段

自 2004 年 12 月有 2 家慈善机构开始在淘宝上开设了公益网店以来,通过互联网渠道、淘宝等商业平台开展活动的新型慈善机构逐渐涌现,"微公益"也开始发展起来。然而,我国与之相对应的法律政策尚处于空白阶段,对"微公益"失范行为的管制也只能以《社会团体管理条例》以及《基金会管理条例》进行管制。但因法规不适用,"微公益"几乎是自由发展,政府管制没有实质性介入。

2.初步干预阶段

2005年,民政局发布的《中国慈善事业发展指导纲要(2006—2010)》,首次从法规政策的层面表明了对公益慈善事业态度。2006年,党中央国务院将慈善事业发展纳入"十二五"发展规划。党的十七届五中全会提出要"大力发展慈善事业","十二五"规划纲要表明要"加快发展慈善事业,积极培育公益慈善组织,增强全社会慈善意识,落实并完善公益性捐赠的税收优惠政策"。国务院在批转国家发改委等部门《关于深化收入分配制度改革的若干意见》在收入分配制度改革中加入慈善内容,大大提升了慈善在社会经济发展中的作用和地位。

这一时期,我国对于慈善组织实行的是双重管制体制,缺少专门针对慈善组织的立法,也没有关注到慈善组织的快速发展需求,所以以对于慈善组织的监管只能参考非营利性组织监管的有关条文进行管理。这不但缺乏针对性,而且大部分条文属于原则性的规定[①]。

3.依法规制阶段

《慈善法》作为一部综合性的、基础性的法律,对慈善组织进行了详尽的规范,明确了慈善组织定义及其设立程序,规定了慈善组织的行为准则和内部治理,强化了慈善组织的信息公开义务;对慈善募捐、慈善捐赠、慈善信托、慈善财产、慈善服务作出了相关规定;明确了监管主体的责任,即对于政府如何促进慈善事业、慈善组织发展,如何对慈善组织进行监管,如何对慈善组织的违反法律的行为进行处罚作了相应的规定。

2016年9月1日,《慈善法》正式施行。为配合该法律的实施,在9月1日前,国务院有关部门还出台了多项法规,补充了《慈善法》操作细节。民政部首先联合工业和信息化部、国家新闻出版广电总局、国家互联网信息办公

---

① 乔金梅.网络慈善的行政法规制研究[D].合肥:安徽财经大学,2017.

室联合印发了《公开募捐平台服务管理办法》,此后还单独发布了《慈善组织认定办法》以及《慈善组织公开募捐管理办法》,这三项法规均于 2016 年 9 月 1 日施行,以保障《慈善法》的有效落实。以《慈善组织信息公开办法》为例,该办法经 2018 年 7 月 27 日民政部部务会议通过,民政部部长黄树贤于 2018 年 8 月 6 日签发部令(第 61 号)予以公布,自 2018 年 9 月 1 日起施行。《慈善法》颁布实施以来,各地也相继出台地方慈善条例及办法,很好填补了此前的慈善组织监管相关立法空白①。

(三)民间"微公益"行为失范的主要监管措施

当前,由于我国针对网络公益政府监管体制不健全,加之慈善立法缺失和社会公益自治力量薄弱,"微公益"活动又显现爆发式增长的发展态势,这在很大程度上引发了"微公益"失范问题。为了破解"微公益"失范问题,不仅要顺应其内在成长规律这一前提,还需要政府从法律、政策层面对其进行合理监管、规制,具体监管举措有:

1. 完善"微公益"行动的法律体系和制度建设

积极健全"微公益"行为的法律体系,大力完善网络慈善管理的制度建设。通过立法明确"微公益"活动的法律地位、组织框架、运行方式和资金保障等内容,在依法保障"微公益"事业健康发展的同时,也为政府实施监管提供法律依据。

具言之,一是做好《慈善法》相关立法和配套政策创制。进一步做好《社会团体登记管理条例》、《基金会管理条例》及《民办非企业单位登记管理暂行条例》的修订工作,抓紧制定《慈善组织认定办法》等部门规章和规范性文件。完善好现行有关公益慈善领域的法律规范,是构建"微公益"行为规制体系的制度基础,也是推动"微公益"相关立法创制的突破口,因而要继续加快推进网络公益慈善的相关立法进程,建立、健全相关法规体系,在给予"微公益"合法性支持的同时,划定"微公益"等网络慈善活动的底线,确立法治的基础性地位,保障其依法运行。

二是建立健全慈善事业发展的有关制度。实施慈善组织登记认定制度,

---

① 付铭皓.中国慈善组织的政府监管研究[D].呼和浩特:内蒙古师范大学,2018.

实行慈善组织年度报告制度,建立公开募捐资格许可制度。

三是推动落实鼓励帮扶政策。督导完善慈善组织内部治理,规范公开募捐行为,维护捐赠人合法权益,保障慈善财产合法使用,改善慈善服务流程,加强慈善信息公开,落实优惠政策和帮扶政策。

四是加快出台专项网络公益组织管理办法,适时对网络公益组织捐赠基金的管理和使用情况进行监督,确保公众捐赠款项的合理使用,保证专款专用。[①]

2.严厉打击惩处"微公益"组织违法犯罪行为

对"微公益"活动严格进行定期检查,及时发现不合法的公益组织及其违法行为,坚决打击以公益为名进行诈骗的不法分子,政府要加强部门之间的协调合作,依法对"微公益"违法行为进行惩处。

公安部门与"微公益"监管部门。近年来,不法分子通过公益慈善活动进行违法骗捐诈行为屡试不爽,网络公益中诈骗犯罪也是愈演愈烈。在对各种公益活动进行日常监管过程中,监管部门一旦发现任何违法信息和线索,都应及时通报公安机关,公安机关也应立刻开展相关立案和调查取证工作。尽管"微公益"监管部门享有部分司法权限,但是针对网络骗捐、诈捐案件,受理后不确定是否属于本部门管辖的,应及时转送给有管辖权的公安部门。两部门间要完善好衔接工作机制,建立信息沟通和联合执法等工作模式,致力于打击"微公益"失范乱象。[②]

司法部门与"微公益"监管部门。"微公益"行政监管机构要借助诉讼的方式,对"微公益"组织与特定主体进行惩戒,这就需要司法部门的配合与支持。因此,针对影响恶劣、案情重大、涉案地区多的案件,在经公安部门侦破后,应及时交付司法部门裁决。[③]

医疗机构与"微公益"监管部门。当前网络募捐大部分是因病求助,因而要建立起"微公益"监管机构、网络募捐平台、医院、医保局或和医疗费用报销单位的信息沟通机制。[④] 网络募捐平台要针对求助者的信息联系民政部门

① 王倩.微信公益传播研究[D].长沙:湖南师范大学,2017.
② 王忞玥.基于《慈善法》规制下的微公益活动的政府监管研究[D].南京:南京工业大学,2016.
③ 王忞玥.基于《慈善法》规制下的微公益活动的政府监管研究[D].南京:南京工业大学,2016.
④ 石凤刚.网络募捐平台存在的问题及监管制度构建[J].佳木斯职业学院学报,2016(09):471.

和医院核实其真实性,网络募捐平台要及时公布医院提供的关于病人的治疗情况、费用使用情况等,"微公益"监管机构要监督公益活动全过程,确保合法合规,监督网络募捐平台在求助者完成报销后是否将相关情况予以公示,同时还要定期跟进、监督善款的使用情况、募捐信息的公开情况,并建立信用评价制度,定期评选优秀的网络募捐平台和公益组织。[①]

3. 健全"微公益"行动的社会监督机制

公益行为的社会监督主体主要由捐赠人、新闻媒体、社会大众构成,完善的公益监督机制应包括主管机构的监督以及社会力量的配合。

首先,政府在建立相应法规制度来切实保障社会公众监督权的前提下,大力强化对群众监督意识的培育,尽最大可能发动群众参与监督,确保慈善公益事业的公开透明。规定"微公益"在任何情况下,都要接受捐赠者、社会大众和新闻媒体对捐赠款项的数量、用途和去向等方面的信息查询,并给予反馈,杜绝违法现象的发生。[②]

其次,政府建立奖励机制,制定一系列鼓励性政策,让公民积极参与到公益活动中来,对于积极举报虚假网络公益组织的公民,也要予以奖励,鼓励公民充分行使监督权利。

最后,政府也积极发挥好各网络媒体和舆论平台的监督作用,鼓励它们积极加入监督行列,报道和揭露"微公益"活动中产生的违法问题。同时,政府要做好媒体的权益保障工作。目前,通过网友们的检举揭发,大量"微公益"活动中的违法问题都通过微博、微信等新兴传媒平台曝光出来,慈善腐败分子和违法分子也被绳之以法。[③]

4. 优化"微公益"环境,弘扬现代慈善文化

网络"微公益"的发展体现了民众慈善意愿的不断提升,同时也有助于促进个体慈善行为。从主体角度划分,慈善行为包括个体行为和组织行为:个体行为指参与慈善活动的公民个人行动;组织行为包括政府、宗教和社会其

---

① 石凤刚.网络募捐平台存在的问题及监管制度构建[J].佳木斯职业学院学报,2016(09):471.

② 杨钊."微公益"的缘起、问题及发展建议研究[J].发展研究,2013(11):113-115.

③ 王态玥.基于《慈善法》规制下的微公益活动的政府监管研究[D].南京:南京工业大学,2016.

他团体支持的各种慈善组织以及志愿服务组织活动。① 优化"微公益"环境，弘扬现代慈善文化，需要"微公益"监管机构确立正确的舆论导向，通过宣传弘扬慈善行为以及税收优惠和精神褒奖，塑造良好的社会公众心态和舆论环境，从而形成做慈善光荣的良好氛围。②

政府监管部门，积极革新治理理念，从行政监管原则、监管主体、监管方式、监管标准、监管评估、监管问责等方面，构建完善的监管制度体系，整合政府规制部门资源，优化监管流程，全方位落实好各项监管职责。与此同时，为引导、保障"微公益"持续、健康发展，政府在"微公益"行动志愿者人才培养、网络营销能力提升、网络品牌建设、财务管理能力提升、慈善资源共享系统构建、税收减免、公共服务购买、公益慈善文化培育等方面，给予了相应的政策支持，对类似于"免费午餐""微博打拐"等具有较多大众化公益需求的"微公益"项目，主动从公共政策层面予以衔接、推动。

---

① 张书明.关于网络募捐的监管问题[J].山东师范大学学报(人文社会科学版),2007(04):139-142.

② 张书明.关于网络募捐的监管问题[J].山东师范大学学报(人文社会科学版),2007(04):139-142.

第五章

民间"微公益"行为失范的政府规制现状

　　"微公益"作为依托新媒体平台而形成的新兴公益形态,以其自身的优势发展壮大,影响着公益慈善事业的发展格局。但是随着其自身存在的失范问题愈发严重,政府在"微公益"失范规制中也扮演着日益重要的角色。由于法律法规不健全、平台公信力低下、募捐事件缺乏监管等原因,使得非法公募、公益欺诈、恶意劝捐、善款不正当使用等失范现象频发。针对这些问题,政府分别采取了事前、事中、事后一系列具体的规制举措,通过法律性、行政性、经济性、社会性等不同规制方式,介入到"微公益"行为失范的监管中,也取得了"微公益"失范问题大幅减少、微公益行业规范化程度上升、平台治理能力提高、社会救助效用不断增强、网络公益慈善氛围更加浓厚等一系列治理成效。但仍面临政府部门监管碎片化、政策法规不健全、缺少专业人才、政府与社会良性互动不足、社会力量参与不规范等挑战。

一、民间"微公益"行为失范的政府规制方式

(一)法律规制

　　法律意义上的"规制",原本是指国家运用法律手段,依据法律和政策,对微观经济主体的经济行为进行规范、干预和限制。法律规制的对象是微观经济主体(主要是公司、企业)的经济行为,规制的主要手段是法律和政策,规制的目的是维护市场秩序、促进公平竞争。[①] 将经济活动领域的法律规制拓展

---

　　① 王仁荣.跨国公司跨境并购法律问题研究[D].上海:复旦大学,2012.

应用于公益慈善领域,意指立法机关为微公益领域的规范运行制定法律法规,使其有法可依。由此,当"微公益"失范行为发生时,司法机关将介入追究法律责任,而且当其行为构成犯罪时,将依法追究其刑事责任。这与行政机关职责有别,主体为立法机关和司法机关。因此,法律规制与行政规制有本质区别,它更侧重立法和执法这两个监管。目前,我国还没有出台直接针对"微公益"失范行为的法律法规,尚未形成健全的法律体系,立法的速度滞后于网络慈善发展过程中问题出现的速度,立法滞后问题严重影响了我国网络慈善事业的发展。① 当前,公益慈善事业遇到新形势下的问题,只能通过《民法典》《刑法》等的相关内容予调整,针对性不强,难以应对复杂多变的现实情形,也给我国慈善事业和网络募捐的"微公益"平台化的长足发展带来负面影响。② 《慈善法》作为慈善事业领域的总法,对网络慈善相关规范也作过简要提及,对慈善活动以及相关标准都作出规定,但仅限于一种普适性规定。针对部分失范行为作出的规定包括:对"通过虚构事实等方式欺骗、诱导募捐对象实施捐赠的"情形,由民政部门予以警告、罚款;"自然人、法人或者其他组织假借慈善名义或者假冒慈善组织骗取财产的,由公安机关依法查处"③;公民因自身陷入困境对外求助,这种自助式的、公民个人之间的行为,不被法律禁止,同时也不受《慈善法》制约。这就造成了管理空白,也为屡屡发生的失范问题埋下了隐患。当"微公益"涉及民事责任或刑事责任时,《民法典》《刑法》为追究违法责任分别提供了基本的法律依据。新修订或创制的法律正在日益明确网络慈善违法的边界及其法律责任,但短期仍缺乏系统性和针对性。

(二)行政规制

行政规制是特定的行政主体所采取的直接影响市场主体及其市场行为的政策干预行为,包括设立规则、制定政策、实施干预措施等行政活动的总称,具体可划分为消极的限制性规制行为和积极的引导性规制行为。④ 也有学者将行政规制主体限定为行政机关(包括被授权组织和具有公权力的社会

① 郑功成.当代中国慈善事业[M].北京:人民出版社,2010:256-258.
② 袁少杰.网络募捐法律制度缺位与完善研究[D].哈尔滨:东北财经大学,2016.
③ 《中华人民共和国慈善法》第十一章第一百零一条和一百零九条.
④ 江必新.论行政规制基本理论问题[J].法学,2012(12).

组织),是其基于社会公益的需要,运用行政权依法对市场主体和社会事务所进行的直接或间接的行政性的限制、控制或激励等行政行为,狭义上的行政规制是行政机关运用行政权所实施的行政活动的统称。行政规制具有主动性、广泛性、自由裁量性和强制性等特征。[①] 对"微公益"进行行政规制,是指行政机关基于行政法理念,结合网络募捐特点,依据法规标准运用行政权对慈善组织、互联网募捐平台开展慈善活动所进行的直接或间接地规范和监督活动,是行政机关运用行政权所实施的行政干预活动的重要组成部分。本书所指的行政规制的主体是狭义上的政府,即仅限于政府行政机关,不包括立法机关和司法机关,其行政审批、行政许可是行政规制最主要的实现方式和手段。因此,这是一种行政手段,是行政部门在法律授权下,通过颁布行政命令、制定行政规定、进行行政引导等方式行使行政权力,以实现对"微公益"活动进行监管的行为。这具体表现为,政府相关部门依据法规对存在失范行为的慈善组织、互联网募捐平台进行约谈、警告、责令整改、不良行为台账记录、责令退出等活动。

(三)经济规制

经济规制是指在自然垄断和存在信息偏好的领域,政府机关在法律权限内通过许可和认可等手段,对企业的进入、退出、价格、服务的数量和质量、投资、财务等有关行为加以规制,以防止资源配置的低效和确保资源的公平利用。[②] 植草益的这一定义主要是针对企业的市场行为,而"微公益"领域的政府规制也涉及调整其市场结构,因此,也会运用一些经济手段(如发放福利、补贴),从而使得其行为带有经济规制的特征。[③] 因此,对于"微公益"的经济规制,更侧重于指政府部门通过经济手段,对"微公益"领域从事慈善活动的主体进行规制,它可以分为激励性规制和抑制性规制。这里所提到的激励性规制并不是植草益所提出的激励规制理论中的内容,他的观点更加适合企业营利性市场行为,而相较于"微公益"所具有的志愿性和非营利性特点,显然并不符合。所以,经济规制更偏重于政府经济手段的调控行为。其中激励性

---

①　崔冬.慈善组织行政规制研究[D].长春:吉林大学,2015:37-44.
②　植草益.微观规制经济学[M].北京:中国发展出版社,1992:27.
③　王可循."微慈善"的政府规制研究[D].上海:东华大学,2015.

规制主要是政府为了促进"微公益"行业的发展,对规范合法的公益项目和慈善组织实行税收减免、奖金、资金补助等激励方式,而对于失范现象的行为主体则进行行政处罚,以维护"微公益"领域内良性运作。

(四)社会规制

植草益认为,社会规制指以保障劳动者和消费者的安全、健康、卫生、环境保护、防止灾害为目的,对产品和服务的质量和伴随着提供它们而产生的各种活动制定一定标准,并禁止、限制特定行为的规制。[1] 之后,王健提出,社会规制是政府对通过规范和管理涉及生产、销售和交易过程中的安全、卫生、健康、环保、社会保障、提供信息等社会行为,以提高市场效率,增进社会福利,维护社会的公平和稳定。[2] 社会规制的规制方法既有直接规制,又有不同程度的间接规制。一般而言,社会规制所采用的具体方法主要有禁止特定行为、职业资格制度、营业活动的限制、基准认证制度、收费补偿制度以及信息公开制度等。[3] 与经济规制相比,社会规制更注重公平、安全和正义的原则。对于"微公益"的社会规制则是政府通过制定政策,对慈善主体从事慈善活动设立标准,禁止、限制不合规范的行为,避免其出现失范情况。例如,为慈善组织和募捐平台制定准入标准和退出机制,审核平台资质,促进信息的公开、保障透明性,对于善款剩余的合理处置等,都是为了维护募捐财物的合法、高效使用。

(五)合作规制

合作规制强调从单一的科层治理结构,转变为多方参与的治理模式。这是一种政府、公众、社会组织、媒体等主体相互配合、发挥各自比较优势,形成多方协同治理格局的新模式,最终实现从传统的行政管理向公私伙伴关系和治理网络的转变。在单一的行政治理过程中,不同部门有着不同的利益、知识、信息、资源和能力,有着各自的优势与不足,很难完全单由某个主体来完成行政任务,也很难由不同主体各自独立运作地完成行政任务。因此,合作

---

① 植草益.微观规制经济学[M].北京:中国发展出版社,1992:22.
② 王健等.政府经济管理概论[M].北京:中国人民大学出版社,2007:6.
③ 马健.我国地方政府社会性规制研究[D].济南:山东师范大学,2014.

治理的重心从科层治理结构转向多中心治理网络,它强调多元主体的合作与参与,以更多合作、互动性更强的方式,形成相对更为持续、更为稳定的关系,通过不同主体共享、动员和聚合分散的资源,来协调利益和行动,进而实现行政任务。① 这种规制方式的特点就是政府主导、多方参与合作,政府在失范行为发生的事前、事中、事后都介入治理,引导多方力量发挥各自的作用,形成多元共治局面,将失范行为发生降到最低。在当前我国网络公益慈善立法缺失、政府监管体制不健全和社会公益自治力量薄弱的公共治理情境下,"微公益"失范乱象的矫治无法继续维持一种简单以政府监管或社会力量自治为单一主体的治理格局,而应该推进到一种利益相关者多方合作的跨界规制模式。为此,在今后"微公益"活动呈现爆发式增长的发展态势下,"微公益"失范问题的破解,不仅要从法律、政策层面对其进行严格监管、控制,更重要的是要在顺应其内在成长规律的前提下,通过引导、扶持其所代表的民间社会力量的成长壮大,建立、健全"微公益"行动的行业自律机制、公众、媒体和"看门狗"组织的社会监督机制,不断提高网络媒介平台的管理、服务能力,培育、形塑"人人公益"的慈善文化氛围,最终推动"微公益"更加自主地规范运作、健康成长。② 因此,对于"微公益"失范行为的规制已经不仅仅局限于政府部门,而是越来越依赖于政府与其他主体的合作,单靠政府一方只会让治理效果事倍功半。因此,政府主导下的跨界合作规制已经成为"微公益"规制的重要制度安排。

"免费午餐""大爱清尘""微博打拐"等这些影响巨大的公益活动项目的持续发展,都离不开政府和社会各方力量的参与。政府应避免在过度干预的状况下进行跨界合作,从而形成多元监督机制,保障所筹善款的有效利用,避免慈善资源的滥用和浪费。"免费午餐"项目中,善款受到政府以及民众等主体的监督,在阳光下运行,获得了公众信任;"大爱清尘"项目中,政府联合各方救治尘肺患者,救助帮扶贫困家庭,开辟了政府与社会组织合作新公益模式。在反面案例中,也可以看到政府与平台、媒体、民众都参与其中,当公益欺诈、非法公募、善款管理混乱等问题出现后,媒体曝光或个人举报,引起社

---

①　宋华琳.论政府规制中的合作治理[J].政治与法律,2016(08):14-23.

②　杨逢银,张钊,杨颜澧."微公益"失范的发生机理与跨界规制[J].中国行政管理,2020(02):60-66.

会公众关注,平台被迫参与调查配合政府部门行动,进而政府部门严格执法,追究责任,最终使得失范问题得到一定程度抑制,社会公共利益得到维护。但是由于缺乏政府在其中发挥有序引导的作用,参与合作规制的各方"一盘散沙"的现象仍然比较明显。

二、民间"微公益"行为失范的政府规制举措

在具体的政府规制过程中,从流程角度可以将政府规制细分为事前、事中、事后三个阶段,在不同阶段都有体现上述不同性质的政府规制方式。事前更强调的是制定规则标准,规范行业的运行;而事中更注重的是过程监督,各种力量都介入其中;事后则更多表现的是后果惩罚,针对不规范行为,按照法律、规章采取一定的惩、处措施。在细分的各个阶段中,政府的具体规制举措又可以大致分类成法律性规制、行政性规制、社会性规制、经济性规制、合作性规制。事前阶段,主要是根据立法来进行行业规范和对慈善主体准入资质进行审查,主要是运用法律性规制和社会性规制手段,事中过程涉及监督、帮扶和行政政策引导,主要采用为行政性规制、经济性合作性规制的方式,事后注重失范行为的处置,主要是采取法律性规制方式,依法处理失范问题。本节将从多案例比例分析视角,具体展现民间"微公益"失范行为的政府规制举措,分别选取了"微博打拐""免费午餐""大爱清尘""多背一公斤""鲁若晴捐助""知乎女神事件""蒋佳事件""陈易卖身救母""山西脑瘤少女郭小娟""中国最'美'乡村女教师"等正反两方面典型案例进行比较分析,探究、评估政府规制和社会志愿监督对其规范运行、健康成长的作用机理及其影响,重点关注案例中政府是如何介入引导的,运用了哪些手段等问题。见表5.1。

表 5.1　"微公益"典型案例比较

案例	救助需求	渠道	募捐所得	结果	规制方式	规制具体措施	后期跟踪
"鲁若晴"事件	募款转发点赞	微博青少年基金会	105万元	成功			余款交白血病治疗项目
"小传旺"事件	募款	新浪、猫扑网	90万元	成功	合作性规制（社会舆论监督）事中	善款公开	医疗使用
"广西孤儿杨六斤"	募款	广西卫视网络转发	500万元	成功			监护人使用
"柯江事件"	募款	微信、微博	648.43万元	失败	行政性规制（公安调查，民政局介入）事中、事后	依规定明确其违规，引导司法介入	未果
"犬口救童"事件	募款	媒体报道	80多万元	失败	合作性规制（舆论曝光）；行政性规制（公安调查，责令停止，行政处罚）事中、事后	当事人刑事拘留，追究法律责任，善款退还	善款退回
"天津爆炸杨彩兰"事件	募款	微博	9万元	失败	行政性规制（公安介入调查）；法律性规制（司法介入，追究刑事责任）事中、事后	检查院批捕，公安机关依法逮捕当事人，法院审理判处	善款退回3年有期徒刑
"知乎女神"事件	募款	知乎	15万元	失败	行政性规制（警方调查，拘留当事人，处罚金）；法律性规制（判处有期徒刑）事中、事后	刑事拘留当事人，追究法律责任，判处有期徒刑，处罚金	善款退回3～10年有期

续表

案例	救助需求	渠道	募捐所得	结果	规制方式	规制具体措施	后期跟踪
"罗尔"事件	募款	微信	262.6919万元	失败	行政性规制(民政局介入调查,监督善款)事中、事后	民政局介入调查,约见当事人,监督善款使用	善款退回
佛山婴儿父母双亡事件	募款	水滴筹	19.5万元	失败	合作性规制(民众监督,媒体报道)事中	网友争议,舆论监督	善款退回
"小凤雅"事件(个人)	募款	水滴筹	3.8638万元	成功	行政性规制事中	警方介入调查	余1301元上缴慈善会
"乐清男孩走失事件"	寻人	警察、新闻媒体、朋友圈		失败	行政性规制(警方调查,拘留当事人);法律性规制(严格执法,追究刑事责任)事中、事后	警方介入调查,法院依法当事人判处有期徒刑	刑事拘留1年3个月有期徒刑
免费午餐项目	募款	社会组织		成功	经济性规制(政府资金补助);合作性规制(政府与社会监督)事前、事中	政府、基金会共同承担投入,资金使用公开供社会监督	政府全国推行
大爱清尘项目	募款	社会组织		成功	经济性规制(国家资金支持);合作性规制(善款供社会各界监督)事前、事中	中央财政资金支持,善款使用公开透明	政府大力支持
多背一公斤项目	募款、募物资	社会组织、微博		成功			衍生新的公益项目

续表

案例	救助需求	渠道	募捐所得	结果	规制方式	规制具体措施	后期跟踪
蒋佳事件	募款	论坛、媒体报道	20万元	成功	合作性规制事中	善款公开，社会监督	不明
陈易卖身救母	募款	天涯杂谈	10.5万元	失败	合作性规制（公众监督）事中	网友举报，媒体报道，社会人士调查	不明
山西脑瘤少女郭小娟	募款	论坛	15.22334万元	失败	合作性规制事中	媒体报道舆论监督	携款逃亡
"中国最'美'乡村女教师"	募款	媒体报道	2万元	失败	合作性规制事中	媒体报道，舆论监督	不明

（一）事前：制定政策法规，设置行业标准

"微公益"作为依托新媒体平台而形成的新型公益形态，以其自身的技术赋能优势而不断发展壮大，深刻影响着公益慈善事业的发展格局。"微公益"的出现拓展了传统慈善边界，能利用互联网帮助到更多人。但一个新事物诞生同样也带来了负面效应，不断曝光的失范乱象引起了政府和社会公众的高度关注，政府在"微公益"失范规制中也扮演着日益重要的角色。上述政府规制方式在案例中，可以主要表现为事前、事中、事后规制，在不同阶段中政府规制也是多种规制方式交互配合。事前规制指的是在失范问题产生之前进行预防性规制，事后规制指的是在问题产生之后进行应急性规制。一般来讲，事前规制较为常态化、稳定，可以尽量避免可能会产生的问题。[①] 在事前规制中，我国政府为了预防"微公益"失范行为的出现，保障"微公益"行业规范运行，不仅制定了《中华人民共和国慈善法》《中华人民共和国公益事业捐赠法》《中华人民共和国红十字会法》等法律以及《民政部关于在社会救助工作中充分发挥慈善组织作用的通知》《公益慈善捐助信息公开指引》《民政部关于加强和创新慈善超市建设的意见》《民政部、全国工商联关于鼓励支持民营企业积极投身公益慈善事业的意见》等部门规范性文件，还制定了《基金会

---

① 王可循."微慈善"的政府规制研究[D].上海：东华大学，2015.

管理条例》《民办非企业单位登记管理暂行条例》《社会团体登记管理条例(2016修订)》等行政法规。与此同时,地方政府在执行中央政策法规过程中,还制定了一些地方性的法规、规章和规范文件作为补充。此外,中央政府相部门还颁布了《中华慈善奖评选表彰办法》《慈善组织互联网公开募捐信息平台基本技术规范》《慈善组织互联网公开募捐信息平台基本管理规范》《慈善信托管理办法》《关于慈善组织开展慈善活动年度支出和管理费用的规定》《慈善组织公开募捐管理办法》《慈善组织认定办法》《慈善捐赠物资免征进口税收暂行办法》《"中华慈善奖"评选表彰办法》等相关法规制度。其中民政部在2016年发布的《慈善组织认定办法》《慈善组织公开募捐管理办法》,明确了基金会、社会团体、社会服务机构申请认定为慈善组织、申请公开募捐资格应当符合的相关条件,这是典型的政府准入规制。这两部规章的相互配合,对于慈善组织资格和公开募捐资格作了确切说明,并明确规定面向公众开展公开募捐,必须是依法取得公开募捐资格的慈善组织。为满足"微公益"的发展需求,民政部根据法律的授权公开遴选并指定了首批13家慈善组织互联网公开募捐信息平台,后又增加至20家[①]。平台确定后,民政部依据《慈善法》及《慈善组织公开募捐办法》《公开募捐平台服务管理办法》等规章制度,才能开展日常监管,要求平台建立定期报告制度,能接受相关投诉举报并依法查处,从而拓展了慈善组织、社会公众和媒体监督的渠道,促进互联网慈善募捐规范运行。为进一步指导平台依法依规开展工作,细化事中、事后监管,维护捐赠人、受益人和慈善组织等慈善活动参与主体的合法权益,民政部出台了《慈善组织互联网公开募捐信息平台基本技术规范》《慈善组织互联网公开募捐信息平台基本管理规范》两项行业标准。平台企业作为帮助具有互联网公开募捐资格的慈善组织发布公开募捐信息的网络服务提供商,也在其准入资质、运行条件、规范要求等方面被政府纳入监管。作为全国慈善工作主管部门的民政部在统一受理申请后,依据相关规范、标准,按照优中选优的原则,组织专家公开、公平、公正地进行评估、遴选,并向社会公示、接受社会监督。[②]在运行过程监管方面,主要要求平台保证信息的真实性、安全性以及

① 民政部关于指定首批慈善组织互联网募捐信息平台的公告[EB/OL].(2016-08-31)[2022-07-2].http://www.cac.gov.cn/2016-08/31/c_1119488671.htm.
② 李梦晗.网络募捐平台监管的法律问题研究[D].兰州:兰州大学,2018.

善款去向的透明性。

在信息公开方面,《慈善法》规定具有公开募捐资格的慈善组织应当定期向社会公开其募捐情况和慈善项目实施情况[①]。同时对慈善组织需要公开的信息作了详细的说明,要做到信息公开真实、及时、完整。另外,还要求慈善组织在开展定向募捐过程中,要及时告知捐赠人募捐情况和募得款物的管理使用情况。《慈善组织互联网公开募捐信息平台基本管理规范》指出,平台应履行信息公开义务,至少每半年向社会公告一次平台运营情况,并接受社会质询,当慈善组织需要发布募捐信息时,要求公布慈善组织全称、统一社会信用代码、公开募捐资格证书、募捐方案、联系方式等募捐信息查询方法。此外,还明确规定,公开募捐信息不应与商业筹款、个人网络求助等其他信息混杂,网络求助行为不属于慈善募捐,信息平台对个人求助应加强信息审查、甄别,做好风险防范提示和责任追溯。在民政部公布的这两项推荐性行业标准中,关于网络求助的规定是基于对法律法规相关规定的重申,进一步明确网络求助信息"谁提供谁负责",以便明确个人求助、网络互助与慈善募捐之间的关系,利于捐赠人对自身捐赠项目性质的认知更加清晰。

关于慈善剩余处置的规定,《慈善法》第五十七条指出:"慈善项目终止后捐赠财产有剩余的,按照募捐方案或者捐赠协议处理;募捐方案未规定或者捐赠协议未约定的,慈善组织应当将剩余财产用于目的相同或者相近的其他慈善项目,并向社会公开。"

(二)事中:引导规范运行,促进信息披露

事中规制是"微公益"开展过程中,政府进行的过程把控,主要体现为监督、引导"微公益"的规范运行。当"微公益"活动出现失范迹象时,政府依据法规对慈善组织或平台进行约谈、警告,责令整改,并对不良行为做好台账记录。同时,还要保证"微公益"活动信息透明,促进信息公开,使"微公益"项目在阳光下运行。

监督、引导"微公益"规范运行,离不开法律规章、政策文件的支持。《慈善组织公开募捐管理办法》规定,当慈善组织有伪造、变造、出租、出借公开募捐资格证书、未进行备案、未按照募捐方案进行募捐、募得财产未纳入统一账

[①]　《中华人民共和国慈善法》第八章第七十三条。

户管理等情形,民政部门可以给予警告、责令限期改正。《慈善法》也明确规定,当慈善组织有违反本法第十四条规定,造成慈善财产损失的;将不得用于投资的财产用于投资的;擅自改变捐赠财产用途的;未按照本法标准开展慈善活动的年度支出或者管理费用的;未依法履行信息公开义务的;未依法报送年度工作报告、财务会计报告或者报备募捐方案的;泄露捐赠人、志愿者、受益人个人隐私等信息的情形之一的,由民政部门予以警告、责令限期改正,逾期不改正的,责令限期停止活动并进行整改。当出现慈善组织活动未按照慈善宗旨开展活;挪用、截留或者侵占慈善财产等情况时,民政部门责令限期改正,逾期不改正的,吊销登记证书并予以公告。当慈善组织或平台出现这些失范行为时,政府会依法予以纠正和整改。例如,2017 年 2 月 16 日,民政部接到有关"轻松筹"平台违规问题举报,并就此约谈了"轻松筹"平台相关人员。[①] 经核查,轻松筹平台对个人求助信息审核把关不严、对信息真实性和完整性甄别不够等问题,造成不良社会影响。民政部随后立即要求"轻松筹"严格按照《慈善法》《公开募捐平台服务管理办法》等相关制度规定,进行整改,加强审核把关。[②] 可见,当出现失范违规问题时,政府会在相关规定下介入规制,引导其规范运行。

信息公开能有助于慈善组织和互联网公募平台开展慈善活动。《慈善组织互联网公开募捐信息平台基本管理规范》中规定,平台应建立与社会组织、媒体、公众的良性沟通机制,自觉接受社会监督,主动回应社会质疑;同时要求平台在公开募捐活动展示页面提供举报功能,并在接到举报后 5 个工作日内通过电话、邮件或短信等方式对举报人进行反馈,并与相关方面沟通;若举报属实,应立即对活动进行下线处理;全国慈善工作主管部门对平台每半年进行一次考核;考核未达标,或日常运营中出现违规行为的,予以约谈、限期整改;1 年内不达标或违规处理累计 2 次,或产生重大社会负面问题,或出现重大网络安全事故的,取消指定,2 年之内不得重新申报。《公开募捐平台服务管理办法》规定,各级民政部门依法对慈善组织通过广播、电视、报刊以及网络服务提供者、电信运营商提供的平台发布公开募捐信息、监督管理其公

---

① 水滴扫楼筹款风波持续网络互助在商业和公益间游走[EB/OL].(2019-12-25)[2020-02-1].网易财经,http://money.163.com/19/1225/15/F18JO4MI00258105.html.

② 民政部社会组织管理局约谈轻松筹平台[J].中国社会组织,2017(04):59.

开募捐行为,对于有违法违规的慈善组织,民政部门依法予以查处。目前"微公益"行为失范过程中政府能够予以规制。依据法规政府会不定期对慈善组织和平台进行考核和管理,当发现违规行为时,会予以处理。在"免费午餐"案例中,政府引导其他公益组织提供爱心资源和专业服务,为方便监管,政府要求的公益信息公开全方位覆盖了从项目宣传、收款、拨款到执行的每一个环节。许多地方政府组织学生家长成立"清算小组"参与其中,让学生家长亲自监督学校的实施过程,学生也可以根据学校设立食堂经费公示栏自行核对。[①] 正是严格的信息披露和全面的社会监督,才让"免费午餐"项目在阳光下良好运行,其中可以看到多元主体参与形成强大监督合力。

当前我国仍存在慈善组织自身运行流程不够公开透明的情况,即使是正规合法的慈善组织也会引起大众的不信任,信息公开、透明逐渐成为社会公众关注的焦点。为了促进了信息公开化,我国相关法律法规也作了有针对性的规定。2016年,《慈善法》出台,其中对网络慈善行为相关主体信息公开作了明确规定。2018年8月,我国正式发布《慈善组织信息公开办法》。该《办法》以慈善法为依据,对慈善组织信息公开的原则、内容、渠道、时限、监督和法律责任作了更为细化的规定。虽然法律规章制度对信息公开作了严格的规定,但是实际信息公开过程仍存在很多问题。从具体案例视角分析,在"知乎女神童谣事件"中,一名26岁的男子利用知乎网络平台,杜撰了"童谣""小言"和"CK小小"3个身份,在知乎拥有数以万计的关注者。这名男子进而利用"知乎女神童瑶"的影响力,在网络上编造生病等故事,以博得网友的同情心、骗取钱财,先后获得网友转账24万余元。诈骗男子发起个人募捐,在缺少政府、平台监督的情况下达到了行骗钱财的目的。在他行骗过程中,对他个人的信息没有相应主体进行核实和确认,而处于网络另一端的公众自然无法准确辨别信息真假,出于同情才会被蒙骗。在案例"罗一笑事件"中,个人求助—发起募捐—项目执行—信息披露—财务管理—监督评估等各个环节均存在问题:罗尔通过文章传达的求助信息是不真实的、"p2p观察"公众号与罗尔微信账号通过打法律和平台规定的"擦边球"而得到打赏募捐款本身就不合法、捐款未尽其用且无具体使用的信息公布、没有相应的监管人员对罗尔募集的资金使用情况进行监督等等。在案例"陈易卖身救母事件"中,女

---

① 王虹."免费午餐"项目的公益治理研究[D].武汉:华中科技大学,2013.

大学生发文求助,但经过相关人士曝光,陈某状况并不窘迫,并且有医疗保障可以报销母亲医药费,而陈某却用善款烫头、买名牌,可见其筹集的资金使用情况缺乏监督、个人发布的信息真实性也没有保障。因此,我国"微公益"活动信息公开还有很大提升空间,未来将是改进政府规制的一大方向。

为了保障公益活动持续开展,政府在事中规制过程中积极实行税收减免、奖金、资金补助等举措支持较大规模的"微公益"活动。例如,"免费午餐"项目的实施,越来越受到政府的重视。近些年多地政府开展免费午餐计划,大量财政投入帮助贫苦学童改善营养。在鹤峰县,项目发起人邓飞与县委书记杨安文经过商议后确定合作意向,决定效仿湖南新晃县,实行"1+2"模式(政府出 1 元,中国社会福利基金会免费午餐基金出 2 元),在全县乡村学校推行"免费午餐",成为湖北省首个"免费午餐全覆盖县"。[①] 另外"大爱清尘"项目推进过程中,也获得了中央财政资金的大力支持。

(三)事后:落实违法处罚,追究法律责任

事后规制是一种消极性的规制方式,带有补救性质,主要是为了最大限度降低危害,并对利益受损者给予补偿。由于规制过程有时滞性,事前和事中规制手段在实施之后,效果并不一定能马上显现,有可能使问题发生转向甚至恶化。因此,就需要事后规制跟进,以发挥补充、补救的作用。因此,事前、事中规制和事后规制三者都不可或缺,相辅相成。就"微公益"的政府规制来说,应以事前、事中规制为主,辅以事后规制,建立常态化的规制体系,以应对突发状况。[②] 因此,为了保障"微公益"行业的健康发展,在出现问题之后,政府应介入其中依法规制,对于违反法律法规的行为给予严惩,追究责任。例如,《慈善法》规定:"对于慈善信托的受托人有将信托财产及其收益用于非慈善目的的;未按照规定将信托事务处理情况及财务状况向民政部门报告或者向社会公开的情形的,由民政部门予以警告,责令限期改正;有违法所得的,由民政部门予以没收;对直接负责的主管人员和其他直接责任人员处二万元以上二十万元以下罚款。自然人、法人或者其他组织假借慈善名义或者假冒慈善组织骗取财产的,将由公安机关依法查处。对于违反本法规定,

---

① 田丽.中国公益领域的合作治理:以"免费午餐"为个案[J].北京青年研究,2016,25(01):86-92.

② 王可循."微慈善"的政府规制研究[D].上海:东华大学,2015.

构成违反治安管理行为的,由公安机关依法给予治安管理处罚;构成犯罪的,依法追究刑事责任。另外慈善组织有本法第九十八条、第九十九条规定的情形,有违法所得的,由民政部门予以没收;对直接负责的主管人员和其他直接责任人员将处二万元以上二十万元以下罚款。"《慈善法》和《慈善组织互联网公募信息平台基本管理规范》分别对慈善组织和平台退出机制都作了严格规定,当出现违反规定的严重失范问题时,在行政强制下退出"微公益"领域且不能再从事网络慈善活动。

　　事后规制跟进不及时会严重威胁"微公益"健康发展。在上述案例中,"知乎女神事件"一经曝光,警方并没有立刻介入调查,以缺乏证据为由拒绝受理,但所幸最后经过侦查组调查,以诈骗罪将童某刑事拘留。由于诈骗财物价值 15 万元,数额巨大,依法对其判处 3 年以上 10 年以下有期徒刑,并处罚金。在这一案例中,虽然政府最后还是履行了监管职责,但是在事件影响扩大直至引起众议的时候才介入,且第一时间以证据不足为由拒绝处理,政府的这一做法令公众寒心。"罗一笑事件"曝光后,更是在网络引发热议,面对舆论失控的窘境,深圳市民政局展开调查。最终经深圳市民政局、刘侠风、罗尔、腾讯四方面沟通协商,将以上两个公号所获资助共计 2626919.78 元按原路径退还网友。政府相关部门在事态发展到舆论失控的时候才开始介入,这不禁引人深思:政府在"微公益"发展过程中到底应扮演什么样的角色?事后政府应采取的态度和措施至关重要,这不仅是对"微公益"失范的矫正,也是对社会善意不被伤害的保障。可见,事后规制是失范现象出现后的一种弥补手段,而更重要的是事前、事中规制,它们可以起到预防和过程控制的作用。当然,如果事后规制跟进不及时、不合理,也会助长违法分子的犯罪行为,让"微公益"发展遭到破坏。

　　骗捐规制不及时也会侵害"微公益"发展。2015 年 8 月,杨彩兰通过手机上网得知"8·12"天津爆炸事件的消息。为博取网友关注,她登录个人新浪微博账号发布了多条虚假微博信息,称父亲不幸在这场事故中遇难,并获得了来自 3739 名新浪微博网友的"爱心打赏",共计 96576.44 元。由于该微博账号遭到网友投诉,称其发布的是虚假信息,新浪微博管理员关闭了杨彩兰的微博账号,并冻结了该账号收取的款项。随后杨彩兰与其同学一起到市公安局城东派出所报案,谎称新浪微博账号是被他人盗用并发布虚假信息,请求公安机关处理。民警通过对手机进行技术侦查,确认杨彩兰就是该账号的使用者并将其控制。后法院审理认为,杨彩兰藐视国法,以非法占有为目的,通过发布虚假信息的方式骗取网友同情获得"打赏",涉案数额巨大,其行为构成诈骗罪,公诉机关指控的罪名成立。杨彩兰到公安机关并非主动投案,实则是为逃避责任报假案,其意图不轨,干扰侦查视线。在公安机关确定其罪行,列出相关证据的情况下,才供述了自己的罪行,最终杨彩兰被判处三年有期徒刑,所有善款都返还捐助者。①

虚假信息监管滞后会伤害社会的善意。在乐清男孩走失事件中,男孩母亲陈某因与在外经商的丈夫存在感情纠纷,为测试其丈夫对其及儿子是否关心、重视,蓄意策划制造了该起虚假警情。警方接到报案后,组织、集中警力开展搜查工作。其间陈某还通过微信朋友圈等网络媒体平台发布求助信息,社会各界人士也积极进行网络转发并查找,直至男孩被警方找回。陈某故意藏匿其子,并到公安机关报假案,且在各方尽力查找期间,继续假装配合搜寻,其行为严重伤害了社会信任和良知,损耗了大量的公共资源,扰乱了社会秩序,涉嫌编造、故意传播虚假信息罪,公安机关依法追究其刑事责任,最后判处陈某有期徒刑 1 年 3 个月。②

"微公益"失范行为的整治离不开政府部门力量的介入,违法行为最终一定要依靠国家强制力才能得以遏制。这些案例彰显政府对于"微公益"失范行为规制的决心,政府部门介入调查、严格执法、追究责任,都是对善良被利用后的一种弥补,更是对违法募捐的惩戒。

三、民间"微公益"行为失范政府规制成效

(一)提升了政府的监管效能

"微公益"作为利用新媒体平台和技术发动网民参与捐赠救助的公益活动,是在互联网技术发展到一定阶段才逐步进入公众视野的。正因如此,对于"微公益"失范行为这一问题的治理仍处于探索阶段,实践中还面临诸多问题亟待解决。正如上文所述,"微公益"兴起之初,政府监管时常出现"越位""错位"抑或"缺位"的现象。例如,"知乎女神事件"一经曝光,警方并没有立

①　广西女子犯诈骗罪一审获刑 3 年[N].法制日报,2016-01-29.
②　孔令晗,施世泉.谁炮制了"50 万元寻子"闹剧[N].北京青年报, 2018-12-06.

刻介入调查,以缺乏证据为由拒绝受理;"罗一笑事件"的前因后果在网络引发舆情,面对舆论的失控,深圳市民政局展开调查,官方才开始介入等诸如此类监管不力的案件,政府以此态度参与到公益慈善运行活动,不仅难以发挥其监管作用,甚至在一定程度上影响了公益活动。

随着时间推移,政府不断改进监管方式,持续优化监管内容,改变了以往主要依赖事后处理的方式,不只限于依据现行法律对失范行为进行相应惩罚,而是从"事前、事中、事后"三方面入手,更加注重全方位全过程把控,事前预警防控,事中常态监管,事后严格执法。同时,制定配套的相关行业规范和行政法规,严格抓好执法监督措施落实,全方位筑牢依法行政的"防护墙",使得近年来"微公益"失范案例越来越少,网络慈善的环境逐步改善。虽然相比以往,政府在"微公益"失范问题的治理中更加注意方式方法,监管能力也获得较大提高,但是目前整体上仍处于起步阶段,"微公益"失范问题的治理仍面临严峻的考验,相信未来随着法律逐步完善,政府监管能力将会明显提升,将问题解决在萌芽状态,循序渐进地推动"微公益"事业健康开展。

(二)提高了公益活动的透明度

在"善治"理念中,透明性是重要元素之一,强调信息公开。在网络慈善领域,完善信息发布机制将增加透明性。网络慈善行为的活动阵地主要在网络上,通过大数据、云计算、区块链等数字技术监控网络慈善行为更加符合互联网的特性。政府利用大数据等数字技术建立一个全国统一的网络募捐监管平台系统,通过这一监管平台系统,可以充分发挥公民的网络监督作用。公民在对慈善组织和慈善项目运行情况监督过程中,如发现相关组织和项目存在疑点或信息不符的地方,及时通过平台进行反馈,提出质疑。此外,该平台系统还可设置网络慈善组织的"征信报告",对一些运行情况良好、信誉度高的慈善组织或公益项目,将其纳入表示肯定的红名单;对于信息不公开、管理不严格、涉嫌诈捐的慈善组织,将其列入黑名单,禁止其进行相关公益慈善活动。

提高透明度是民间公益组织发展壮大、扩大筹款规模的重要推动力量。例如,"免费午餐"项目除了在官方网站通过发布年报、公布信息外,还利用微博"短平快"的特点,将整个项目的全过程运作都公之于众,并接受社会各界监督。捐赠者、受助者、潜在受助者、项目实施方、志愿者、网民实时进行多项信息沟通与对接,客观上既杜绝了腐败的滋生,使捐赠者获得极大的信心,赢得了广大公众的信任,保证"免费午餐"项目的筹款额得以持续的增长。①

(三)增强了公益平台的公信力

近年来,"微公益"失范问题高发。在"知乎女神童瑶事件"中,筹款人伪造身份,以病为由求助网友,支付宝账号先后获捐款 24 万元,最后被公安部门查实为诈捐;在广东梅州"骗捐门"事件中,筹款申请人因女儿患白血病,通过轻松筹向社会筹款 45 万元,随后申请人被网民发现拥有多处房产,并利用筹款购买豪车;在"犬口救童事件"中,安徽亳州市利辛县一女子谎称见义勇为,被狗咬伤四肢的遭遇,引发不少人的捐助,最后调查结果为该女子是在自己男朋友养狗场内被自家狗咬伤,其行为属于骗捐。这一系列案件的发生,使得网络慈善的社会信任度一再下降,"微公益"环境不容乐观。

面对频频发生的"微公益"失范事件,政府部门从源头入手,对平台进行了规范。2016 年政府根据《中华人民共和国慈善法》《公开募捐平台服务管理办法》有关规定,公开遴选了慈善组织互联网公开募捐信息平台,授予这些平台公开募捐资格。公开募捐及相关信息会受到平台、发起慈善组织的多重核实、监管,在一定程度上保证了捐赠的真实性和善款的合理使用。这不但有利于取缔掉一些不合法的平台参与到"微公益"活动,而且使得这些有公募资格的平台也受到政府、公众、媒体等的监督,保障其慈善活动有序开展。受到规范的平台也将发挥有效连接慈善组织、捐赠人和企业,为慈善组织提供筹资工具、人才培训和捐赠人服务方案等帮助,并为公众提供可靠的捐赠渠道和多元的参与形式,构建公开透明的互联网慈善募捐环境,最终合法性的赋予会使得平台公信力提升,公众信任度不断增加。在民政部发布的《慈善组织互联网公开募捐信息平台基本管理规范》更明确规定,公开募捐信息不应与商业筹款、网络求助等信息混杂。互联网公开募捐信息平台应明确告知平台用户及社会公众,个人求助、网络互助行为不属于慈善行为,信息提供方需确保项目真实性。个人为解决自己或者家庭的困难,请求发布求助信息时,平台应引导个人与具有公开募捐资格的慈善组织进行对接,并加强信息审查、甄别工作、强化信息公开,做好风险防范提示和责任追溯。② 这对平台

---

① 王虹."免费午餐"项目的公益治理研究[D].武汉:华中科技大学,2013.

② 谷业凯.互联网公益成为社会新风尚网上献爱心如何更放心?[N].人民日报,2018-06-08(01).

提出了更高的要求,以便增强其管理和服务能力。在"罗一笑事件"中,罗尔在网络发布求助信息的时候,并未对其家人的经济情况进行公开,导致网民对事件本身没有全面了解。后来罗尔家庭经济信息情况被揭露后,事件发生反转。《慈善法》《公开募捐平台服务管理办法》要求网络平台在为个人发布求助信息时,有义务、有责任对求助者信息的真实性进行审核,必要时还应当要求求助者提供第三方证明,以确保求助信息的真实性。

总之,政府所进行的事前、事中、事后多重规制,使得相关的网络求助平台治理规范化。要求当前个人求助平台应该承担形式审查的义务;要求求助信息发布者提供有效的身份、病历、财产等信息证明材料;同时,严格控制网络募捐平台的认证资格,加强"事前审批";提高准入门槛,从入口严把质量关,对于没有履行政策规定相关义务及落实监管责任的平台,按照相关规定给予其限期整改的处置,如整改效果不达标还应对其进行及时清理,从而提升网络慈善的公信力。

(四)改善了公益行业自治能力

遵照政社合作共治的原则,发挥政府在监管中的主导作用,引导公众和媒体广泛参与网络募捐平台监管,互联网公益平台也应成立行业协会,加强行业自律等。通过行业自律组织、独立审计机构、第三方评估机构的监督管理,逐步建立多元共治的规制模式。同时,慈善事业要充分利用"互联网＋"优势,积极运用大数据、云计算等信息技术,探索建立全国统一的网络募捐平台智能监管系统,实时监控网络募捐活动,确保其规范运营。① 政府与非政府部门的合作能够将社会保障体系和慈善服务覆盖到更广泛的人群。尤其是政府引导慈善组织依法成立行业协会等行业组织,行业组织通过加强行业自律,能落实对行业内慈善组织的管理职责。具言之,相关行业组织出台慈善组织和网络慈善组织的行为准则和职业规范,通过内部约束慈善组织的行为,促进行业自律、组织自治,同时对于违反行业规定的慈善组织给予一定的处分和制裁,对慈善组织监管结果进行公开,保障公民的知情权,倒逼慈善组织自觉遵守行业规定。

近年来一系列失范案件将"微公益"推上了风口浪尖,这也引起政府部门

---

① 舒迪.网络募捐需依法加强规范和监管[N].人民政协报,2017-03-13(025).

的广泛关注。政府部门不断完善法律法规,制定新的政策规章,为构建充满活力、和谐有序的网络慈善环境而不懈努力。当前,虽然仍有不足之处,但是治理一个新诞生的事务必定是充满曲折且漫长的过程。民政部出台的两项行业标准以及相关法律法规对互联网募捐信息平台的准入、监督、退出作出了明确规定,确保平台有进有出、优胜劣汰。同时,平台也实现了在查验慈善组织、公益项目等资质时有法可依、有法必依,进一步加强网络募捐审核和监督的程序化、规范化。

(五)增进了民众的公益参与意愿

提升公民慈善意愿和社会责任感对促进慈善事业发展尤为重要。网络慈善信息的发布大都通过网络媒体进行传播,由于网络媒体存在碎片化和信息传播速度快等特征,因此加强网络媒体管理十分必要。一方面,政府在网络慈善行为治理的过程中,通过加强对媒体的管理,确保媒体传播信息的真实性,避免因为网络求助信息的误传而导致慈善捐助流向非公益的项目当中,造成慈善资源的浪费。另一方面,政府能利用媒体开展网络慈善行为的宣传和普法,引导网络慈善参与者按照相关法律法规参与网络慈善活动,形成正确的慈善观念,正确对待网络慈善行为;同时通过相应活动手段,如报刊、广播、电视、网站等媒体开展慈善理念宣传,传播慈善知识,普及慈善法律法规,抨击网络慈善诈骗行为,引导公众理性参与慈善,培养公民形成正确的慈善理念。

四、民间"微公益"行为失范政府规制面临的挑战

(一)公益立法体系不健全

法律作为规范网络慈善活动的重要保障,对于完善网络慈善环境起着至关重要的作用。随着《中华人民共和国慈善法》的正式施行,国家相继出台了相关配套办法,至今已经初步形成了以宪法为最高法,基本法律、行政法规、部门规章、地方性法律规章辅助支撑的慈善法律体系。但是法律体系内部碎片化现象严重,法规之间的衔接断裂。例如,《慈善法》和《网络安全法》是我国网络慈善立法中最为重要的两部法律,前者强调的是网络募捐和信息发布

的相关问题,后者则重视网络安全尤其是信息发布的法律规制问题;从主体资格的角度来看,《慈善组织认定办法》确定了慈善组织的定义、特征及权利和义务;从募捐的环节的角度来看,主要是《慈善组织公开募捐管理办法》和《公开募捐平台服务管理办法》两部法规发挥主要监管作用;从捐赠环节来看,《公益事业捐赠法》和《救灾捐赠管理办法》分别从不同角度细致地对捐赠的对象、方式和要求做了限定;从反馈环节来看,《公益慈善捐助信息公开指引》直接为网络慈善信息展示以及后续反馈提供了法律依据;从监督环节来看,《社会团体登记管理条例》和《社会组织评估管理办法》都分别对相关参与主体制定了严格的要求和限制。① 目前,我国关于"微公益"规制的立法工作仍处于发展初期,有待发布更具有针对性和可行性的法律规范。纵观所有与公益慈善相关的法律法规,在我国现有的法律规范体系中,未有较强针对性的法律法规用来规范互联网公益,法律体系尚不完善。例如,缺乏最基本的对互联网公益慈善机构的性质定位、组织要素、机构活动等方面的规定,由此导致互联网公益机构的组织结构、财务审计、账目公示等缺少相应的法律规范依据,使互联网公益的监督管理无法可依。② 《慈善法》实施之前,调整关于网络募捐行为的法律几乎空白,实践中,网络募捐行为的处理主要依照《合同法》关于赠与合同的规定。③ 2016 年我国颁布了《慈善法》,明确规定了慈善组织、公开募捐主体资格等相关内容,同样也对网络捐赠作出相关规定。但是《慈善法》只是一部基本法律,相应的实施细则并未出台,对一些具体问题也没有作出相应的规定,从"罗尔事件"可以看出,落地工作上仍然存在一些漏洞。④ 根据《中华人民共和国宪法》第四十五条规定:"公民在年老,疾病或者丧失劳动能力的情况下,有从国家和社会获得物质帮助的权利。"⑤由此可见,在公益众筹中个人为本人或近亲属发起捐助不属于公益募捐,而属于个人求助,其权利有宪法保障,且《慈善法》也明确规定,个人不得进行网络募捐行为,只能通过与具有募捐资格的慈善组织合作开展慈善活动,但对于个

① 曹京涛,蒯嘉诚.立法论视角下中国网络慈善的法律规制[J].法制博览,2019(13):66-67.
② 程令令.我国互联网公益发展困境及对策研究[D].长沙:湖南大学,2018.
③ 田国兴,秦力.网络募捐法律的缺位及完善[J].人民论坛,2017(06):102-103.
④ 刘苗苗,田伟.当前我国网络慈善存在的问题与对策——以"罗尔事件"为例[J].河北企业,2018(02):9-10.
⑤ 《中华人民共和国宪法》第二章第四十五条

人通过网络渠道进行求助没有禁止①。针对在公益项目中越来越受到公众重视的个人求助,《慈善法》仅仅成了一个摆设,并未清晰地界定个人求助主体的法律关系②。按照现行法律规定,个人求助、网络捐赠参考民法、刑法来调整,在遇到纠纷时参照《合同法》等其他法律规定来处理。而《合同法》相关法律无法妥善处理好网络求助诱发的诸多问题,尤其是对于资金监管、骗捐责任等问题,目前法律制度鲜有涉及。③ 并且民政部规定的 13 家慈善组织互联网募捐平台,并不包含"微信打赏",具有明显漏洞,因此对相关法律的完善刻不容缓。④ 此外,《慈善法》虽然规定了通过虚构、诱导等形式募捐的或者假借慈善的名义骗取捐赠的由公安机关依法查处,构成犯罪的依法承担刑事责任,但是仅规定了直接责任人也就是直接实施者之间的责任,那么借助平台进行捐助的中介平台是否要承担一定的责任,承担什么责任还没有明确。⑤ 可见现存的法规体系有很多漏洞和不足之处。

"罗一笑事件"并非个案,越来越多案例的出现表明,当前"微公益"失范行为具有一定普遍性,而且其中以个人求助发生的失范事件为主。因此,个人求助究竟该如何规范,成为一个重要的问题。《慈善法》规定,互联网公开募捐行为将受到从发起、发布、捐赠到善款使用等整个流程的全方位监管,但与此同时,由于个人求助不属于公开募捐,因此并没有得到相关监管,而且相关办法还规定,其真实性由信息发布个人负责。⑥ 在《公开募捐平台服务管理办法》中也明确规定,"个人为了解决自己或者家庭的困难,通过广播、电视、报刊以及网络服务提供者、电信运营商发布求助信息时,广播、电视、报刊以及网络服务提供者、电信运营商应当在显著位置向公众进行风险防范提示,告知其信息不属于慈善公开募捐信息,真实性由信息发布个人负责。"真实性由信息发布个人负责,也就意味着发布平台本身只需履行了风险防范提示义务,并不需要对真实性、后续善款处理负责。从现行法律上来说,对个人

① 田国兴,秦力.网络募捐法律的缺位及完善[J].人民论坛,2017(06):102-103.

② 吴琳.网络公益众筹的法律困境及相关法律制度的完善[J].国际公关,2019(04):95-97.

③ 朱虹,吴楠.《慈善法》背景下中国网络募捐的现状、困境及其应对[J].社科纵横,2018,33(10):89-93.

④ 钟丹.从"罗尔事件"看微公益面临的困境及应对之策[J].武汉交通职业学院学报,2017,19(01):29-31.

⑤ 邓海卓.网络公益众筹法律规制研究[J].中国乡镇企业会计,2018(03):281-283.

⑥ 白秋燕.个人网络求助行为的政府规制研究[D].海口:海南大学,2018.

求助的善款属于赠予,行为一旦发生,善款就属个人所有,如何处理、是否公开完全取决于个人。公民因自身的困境对外求助,这种自助式的、公民个人之间的行为,不被法律禁止,同时也不受《慈善法》的规范。这种和慈善募捐看起来没有太严格区分的"个体求助"领域,形成了管理的盲区。① 诸多案例表明,一些人正在钻法律的空子,"挂羊头卖狗肉",以慈善求助之名行骗捐、诈捐之实。这些年来,个人网络求助实践日益丰富,相关的平台也越做越大,然而对个人网络求助的规范和监管还不够完善,法律体系并不健全。因此,现在是时候该给个人网络求助建立相应的规范了,这也是中国慈善事业持续健康发展的客观要求。

(二)职能部门监管权威碎片化

我国网络慈善发展迅速,但同时也容易产生诸多风险。从监管的角度来看,仍有一些问题有待改进。一方面,网络慈善平台的内部监管机制欠缺,行业监管不到位。另一方面外部监督缺失。对于网络慈善活动的监督,政府各部门职责划分不明,监管不力,致使网络慈善机构存在过多的自由空间,易导致滥用善款。在"罗尔事件"中,罗尔在参与网络募捐活动时仅通过微信发表文章,凭借网友转发获得了来自企业的捐款,但是他进行募捐时没有进行资格审查,其家庭经济状况和求助信息的真实性等也并未验证,缺乏内外部的监督。② 在"知乎女神事件"中,骗捐者利用网络的虚拟性、不透明性,伪造了"童谣""小言""CK 小小"3 个身份,首先对于个人发起网络募捐,政府相关部门没有介入,对其真实性没有确认,而在事发后也以证据不足为由拒绝调查,这不禁引发我们对于政府规制的思考:由谁管? 谁该管? 管什么? 这也反映了政府部门缺乏严密的监管体系,使得监管空白的现象屡屡发生,尽管政府监管部门林立,但只有能做到各司其职,合理分工,有效衔接,才能避免"微公益"失范行为的发生。

当前,对于慈善组织和公益项目的监管职能分散在登记主管部门、业务主管部门和职能主管部门之间。登记主管部门负责慈善组织设立、变更、终

---

① 李梦婷.个人网络求助行为失范的合作治理研究[D].杭州:浙江工业大学,2019.
② 刘苗苗,田伟.当前我国网络慈善存在的问题与对策——以"罗尔事件"为例[J].河北企业,2018(02):9-10.

止及其运行过程和治理的监管;业务主管部门依法依职权对慈善组织的经营活动中衍生的公益项目等进行监管;职能主管部门则对运行过程中涉及的税务、工商和治安等进行管理。这些部门缺乏跨部门的协调机制和信息共享机制,导致监管的碎片化,难以形成监管协同效应。例如,在实际监管过程中,监管部门中的民政部门主要针对募捐展开监管,保证募捐的合法性和合理性,避免个人非法募捐情况的产生,同时也保障公益项目符合规范、慈善组织符合要求;税务部门负责慈善组织和公益项目免税问题以及偷税漏税的管控;工商部门在公益营销方面起到作用,保证公益项目发布、传播过程正确、透明、有效、及时;公安部门维护治安,并在失范行为发生时介入调查,查明案件真实情况,利用权力逮捕拘留犯罪嫌疑人,在严重违法时移交法院判决进行惩罚。可见各个部门各司其职,但它们之间缺少联动,造成了监管的各自为政、"信息孤岛"。

(三)行业力量自治能力薄弱

"微公益"是 Web2.0 时代基于微信、微博等新媒体社交工具自主发起、自主运营管理的新型公益形态,具有较强的"虚拟"性,网民整体素质的高低、捐赠意识及行为会直接影响到"微公益"整个进程和结果。公益组织和平台企业自身内部的自律自治很关键。目前除了具有募捐资格的公益组织在网络平台开展募捐之外,还有许多不具有募捐资格的组织及个人也借助相关平台发起募捐,甚至借助平台进行欺诈活动,而具备募捐资格的组织也缺乏相应的自律机制,使得越来越多失范案例被曝光。公益组织和平台企业是互联网公益中重要的参与主体,也是对公益项目进展最了解的主体力量,因此需要更注重自身的自律自治。有严格、合法的运行流程和机制会让"微公益"失范治理事半功倍。但目前越来越多组织和平台没有尽到应尽的职责,对于公益项目"睁一只眼闭一只眼",不落实对于募捐项目的审查,造成发起的许多募捐都是不真实、不可靠的。此外,"微公益"活动的发起者和志愿者不具备相关专业知识,分析和解决问题的能力欠缺,整个"微公益"活动流程不完整、缺乏合理性,公益行为的产生和维持缺乏内在动力,对于活动的责任心较弱,同时信息不透明也造成"微公益"活动出现更多行为失范。此外,媒体、公众舆论监督不合规范,公益信息不透明性让网上言论呈现听风就是雨、一边倒的状态,不但缺乏事实证据支撑,而且过多充斥个人主观臆断,即便好的"微公益"活动也遭到质疑,"微公益"整体的发展环境急待优化。

民政部门、网络募捐平台、网友对"微公益"项目的监督,属于外部监督,更多的是一种他律,相比之下,自律是网络募捐监督成本更低、更有效的一种监督方式。自律更强调的是道德约束和日常化、经常化的内在自我约束。就募捐者而言,不管是慈善机构还是个人,一方面,在外部的法律法规、社会公众舆论压力下,应合理合法地使用善款并公开信息;另一方面,基于道德约束,应自身主动向社会公众公开相关信息。但是,目前慈善组织的自律机制比较脆弱,一是由于信息不对称,相关信息较难为社会公众、执法部门知悉,这就为慈善组织违法、违规提供了机会;二是因为慈善组织内部管理制度不健全,内部治理水平较低,工作人员缺乏职业操守;三是由于慈善专业人才缺乏,部分慈善组织的网络信息化水平较低,网站建设和信息公开渠道建设欠缺。① 而个人发起求助则取决于求助者个人的道德水平,一旦求助者心思不纯,企图钻法律的空子,则很容易引起失范行为发生,也造成监管困难,只有求助者个人自律性强,有严格的道德底线,发生失范事件的概率才会变小。

2019年11月,"水滴筹扫楼"事件引起热议,也将公众的视线再一次聚焦到微公益身上。水滴筹在全国40座以上城市招募大量正式和兼职"筹款顾问",而这些所谓顾问的主要工作便是"扫楼式"在各大医院刷单,以提供咨询为由,实则因为绩效考核压力和高额提成,鼓励病人通过水滴筹平台筹款。他们不会仔细审核甚至故意隐瞒病人的经济状况,有成套路的代写文案服务,筹款金额也随意估计。总的来说,不管你有钱没钱,会不会编写故事,有没有相关证明,只要想筹钱,他们便提供一条龙服务。这些"地推"人员在各大医院病房引导患者们发起众筹,成功引导一名患者,这名引导者就能拿到100元左右的提成。有的人凭借这个"职业",每个月能够拿到上万的收入。另外,这些捐款引导者还被设定工作绩效下线,每个月如果不能完成35单筹款订单,那么就会面临着淘汰的危险。正因为如此,这些人才会随意填写患者信息,甚至将患者病情夸大,以得到更多的筹款,这些人的目的也非常简单,就是为了拿到更多的提成。一项本应为低收入家庭提供救命稻草的公益

① 邱习强.我国网络募捐综合监管机制研究[D].济南:山东大学,2017.

事业,却变成了部分人中饱私囊的"提款机"。① 水滴筹作为合法审批设立的网络募捐的平台,却一次次消费公众的善意,从中牟利,这与组织本身自我管理不到位,缺乏自律密切相关。

在"小凤雅事件"中,王凤雅患上了"视网膜母细胞瘤"的癌症,由于王凤雅的家庭承担不起巨额的治疗费用,其父母通过网络募捐平台向社会求助,并获得了网友的爱心捐助。但随后有曝料称王凤雅的父母将善款提现后,并未用于王凤雅的治疗。某自媒体在其发布的《王凤雅小朋友之死》中表示,王凤雅父母用募得的 15 万元善款带着儿子去北京进行兔唇治疗,却放任女儿的病情不断恶化。这个版本经网络传播后,小凤雅的遭遇引发社会的广泛关注,网友纷纷指责王凤雅的父母涉嫌诈捐。② 在自媒体崛起的移动互联网时代,微博、朋友圈中从来都不缺乏声讨,缺的是对事实的探究和对真相的关注。一些自媒体习惯于质疑,但未必进行过调查,不等拿到了足以坐实结论的"证据"就散播谣言。在这起事件中,一些自媒体发文质疑王凤雅父母诈捐,将原本筹来救女的善款"挪用"去给儿子治唇腭裂,其"重要证据"仅是一个朋友圈截图:王凤雅母亲在朋友圈晒图带儿子在北京某医院就诊。后经证实,给儿子进行唇裂手术的费用是由另外一家基金会资助,并不是给女儿治病的所筹善款。人们根据一些信息片段就主观臆测,然后"义愤填膺"地进行口诛笔伐,这一方面固然需要有关机构和个人及时澄清,以正视听,但另一方面也要求广大网民能冷静理智地看待问题,不要随波逐流。作为传播重要节点的自媒体,必须对自己的言行负责,在发声时务必慎重。媒体、公众组成的社会力量应该有序参与,而不是哗众取宠,否则自律自治缺失,会损害"微公益"的健康发展。舆论的监督有助于网络募捐的正规化、透明化,但任何监督必须基于确凿的事实,否则伤害的不仅是相关当事人,也是在伤害慈善事业本身。

(四)政府监管与社会监督衔接不畅

"微公益"的健康、规范发展不仅要重视"微公益"的内部自治、积极培育

---

① 水滴扫楼筹款风波持续网络互助在商业和公益间游走[EB/OL]. (2019-10-25)[2020-08-26]. 网易财经,http://money.163.com/19/1225/15/F18JO4MI00258105.html.

② 江淮法制. 王凤雅小朋友之死[EB/OL]. (2018-06-15)[2022-07-27]. http://www.kuaiqikan.com/jiang-huai-fa-zhi.

良好的外部环境,而且需要政府与社会合作共治的规制模式,对"微公益"形成全方位、多角度的监督约束机制。在我国现有的"微公益"规制模式中,政府与社会志愿力量自治衔接的断裂较为明显,二者之间的合作较少,导致监管缺少合力。一般而言,"微公益"组织在其所涉领域拥有相当丰富的实践经验,它们提出的建议有时更具针对性,更有利于解决实际问题。因此,第三方专业监督机构具有相对独立性,可以对政府规制给予更加科学、专业的外部支持。至于普通民众,虽然有着不同的文化素质和技能水平,且力量分散,但是在特殊情形下,若政府把握好时机,予以科学的引导,公民众多分散的言论可以形成公共议题和公共舆论,从而对政府决策行为和公共政策产生重要的影响。①

　　当前"微公益"领域政府与社会力量参与监督呈现出碎片化的状况。公众和媒体并没有被有序引导,只是在舆论爆发后自发加入,缺少真实的客观证据支持,使得舆论呈现一边倒的状况,而政府在舆论扩大时或者有一定社会影响时介入,呈现出事后被动应急的特征,且事发介入时机也是引人深思,这从侧面也反映出前期监管部门、平台、慈善组织的合作规制关系断裂,导致缺位以至于失范行为的发生。因此构建多元主体协同合作的规制模式势在必行。但各方介入的时间、应该履行的义务、互相之间的配合、如何联动,这都会影响到"微公益"活动开展,如何让政府与社会力量衔接紧密、配合得当、有序介入,将仍是一大挑战,否则政府统筹监管乏力和需要大量成本,也会使"微公益"合作规制陷入困境。

　　在政府介入过迟、舆论大爆发的情况下,一般都会带来求助者遭受网络攻击的负面影响。在"鲁若晴事件"中,最美抗癌女孩鲁若晴遭到网友的质疑,被怀疑是一场炒作,部分媒体也对事件真实性持保留态度。在"小凤雅事件"中,媒体舆论怀疑善款不正当使用、求助者没有得到应有的援助。这些虚假舆论公伤害"微公益"社会公信力,使得越来越多公众不愿意捐助善款。在这些事件中,政府都是在舆论发展到不可控的地步才介入的,如果能实现各主体有序参与,政府引导有力,则社会捐款者的善心就不会被这样消费,求助者的尊严也不会被践踏,而这些公益项目也能真正得到圆满地完成。

(五)政府规制的专业技术人才缺乏

"微公益"的良好运行离不开专业人才的支持。越来越多失范现象表明，"微公益"行为失范治理难在缺乏了解法律、运用法律的人才。目前规制"微公益"的法律法规不够完善，缺乏专门针对这一问题的律法规，这也给失范行为的发生提供了可乘之机，有漏洞就必须去填补，而最好的解决办法就是让懂法律的优秀人才参与制定有关法律法规，弥补"微公益"监管的法律空白。"微公益"的特征决定了公益项目推行需要借助互联网平台，而目前缺乏掌握平台运营技术、公益营销和项目执行的人才，使得好的公益项目很难得到有效的推广，不良公益项目也难以剔除。缺乏专业人才，会让公益项目推广营销沦为牟利工具，如上文中"水滴筹事件"，运营工作人员只为个人利益收集"公益项目"，便会滋生违法行为，他们缺乏法律知识、项目运营知识，仅仅在利益的驱动下，谋取个人的一己私利。因此"微公益"项目应逐步实现专业化管理，确保专职工作人员有较强的专业素养和技能、高度的奉献精神以及强烈的责任心。然而，不可否认的是，当前"微公益"专职工作人员专业化程度低、职业发展空间小，有些项目甚至没有专职工作人员，全部由临时或固定志愿者组成。由于存在工作、家庭、生存与公益之间的矛盾，绝大部分"微公益"项目根本算不上人员专职化，更谈不上管理正规化。① 在公益营销方面，大众传媒既是"微公益"信息的传播媒介，也是"微公益"组织与政府的互动载体。"免费午餐"取得今天的成绩与大众媒体的宣传推广，特别是微博等自媒体的强势推动密切相关。可见，懂得公益营销手段和方式的人才对于助力网络慈善发展能起到举足轻重的作用，同时也可以将不合法的事件披露于公众视野中，为慈善事业有序、健康的发展提供良好的环境保障，让"微公益"项目在阳光下运行。

站在监管者专业化的视角，目前我国"微公益"规制人员分布在立法部门、行政部门、司法部门等公共部门中，涉及范围广且力量分散。从各自所处的职能部门来看，他们也许是该部门具有丰富工作经验和专业技能的高尖精人才，但就"微公益"而言，这些高精尖人才未必具备真正的专业能力。"微公益"不仅要求政府从大体上掌握"微公益"所处的社会环境、各阶段发展概况

---

① 何霞.困境与超越:民间微公益项目合法性问题研究[J].青年探索,2015(01):36-43.

和未来发展走向等宏观问题,而且要把握"微公益"所处的微观环境,系统构建规制体系,及时发现潜在或可能引发的问题,并制定好防范举措。"微公益"规制人员既要具备政府规制和"微公益"领域的相关知识与技能,还要有高水平的慈善意识和慈善精神。专业人才紧缺会严重影响到规制机构的运行效率,也会阻碍"微公益"的长远发展。[①] 因此,必须加快培养与互联网公益慈善发展需求相适应的人才。

---

① 王可循."微慈善"的政府规制研究[D].上海:东华大学,2015.

第六章

构建民间"微公益"行为失范跨界合作规制体系

一、建立健全法律制度体系

虽然民间"微公益"以平民化、泛在化的方式集聚个人爱心,并已成了社会公益中不可或缺的生力军,但是民间"微公益"因其身份合法性问题,使得许多公益项目无法得到社会的认同和支持。换言之,民间"微公益"行动在政治、行政、社会以及法律上的身份未被充分认可,其宗旨、活动意图以及意义也未被全面接受[①]。对于破解"微公益"行动合法性困境,何霞指出关键在于调整微公益项目与制度环境、规范标准之间的内在张力,在制度层面寻求民间"微公益"项目合法化[②];王效修等人也将调整制度环境和规范标准的内在张力作为志愿组织长效发展激励机制,以此统一"形式合理性"和"实质合理性"[③];谢海定则提出民间组织存在合法性困境,根本原因来自立法不当和法部门监管职责缺位[④],为此民间"微公益"在受到制度合法性约束之下,也不得不在制度环境中寻找平衡[⑤]。所以,建立健全"微公益"法律制度体系,既

① 梁昆,夏学銮.中国民间组织的政治合法性问题——一个结构——制度分析[J].湖北社会科学,2009(3):44-47.

② 何霞.困境与超越:民间微公益项目合法化问题的研究[J].青年探索,2015(1):36-43.

③ 王修晓,张萍.悖论与困境:志愿者组织合法性问题分析[J].学习与实践,2012(11):97-101.

④ 谢海定.中国民间组织的合法性困境[J].法学研究,2004,26(2):17-34.

⑤ Tian,Kai. Organizational Operation Under Non coordinate Constraint:A framework of research on the relationship \ between the charity organizations and the government in China[J]. Sociological Research,2004(4):64-75.

是破解"微公益"合法化的突破口,也是执法部门依法监管的必要前提。基于此,通过在《慈善法》框架内对民间"微公益"活动给予认可,在法律上赋予公益活动募捐资格,建立健全"微公益"规制体系,提升民间"微公益"的合法性,是民间"微公益"合法、持续发展的必然要求。

(一)完善"微公益"规制法规

民间"微公益"受困于合法性制约,使其无法得到政府等权威部门的认可和支持,也无获得社会认可的正当性和合理性。作为新兴互联网公益慈善形态,随着 2016 年《慈善法》的颁布,民间"微公益"行为也在《慈善法》框架内得到了一定程度的规范。民政部还相继出台了《慈善组织认定办法》《慈善组织公开募捐管理办法》《公开募捐平台服务管理办法》《慈善组织互联网公开募捐信息平台基本技术规范》,对"微公益"行为主体实施规范化管理。在上位法出台之前,我国各省市也积极探索,对公益组织的公募权利、公益范围出台地方性政策,为全国性法律在具体指导领域提供了先行先试的经验积累[1]。

虽然中国首部慈善法现已颁布,但在互联网领域具体实施依然存在不确定性,[2]作为依托交互式媒体发展而来的"微公益",其合法性地位依旧有待加强。迄今为止,在《慈善法》框架内没有专项法律法规来指导"微公益"事业发展,对于"微公益"行为的规范多数散落于《公益事业捐赠法》、国务院和最高人民法院有关慈善事业的通知和批复等,而现有的规范文件也多为部门规章,立法层级较低。立法空白导致"微公益"事业无法可依,使得"微公益"几乎处于法外真空地带,既引发了"微公益"的合法性问题,又不利于"微公益"事业的健康发展。

1. 实现"微公益"身份合法化

民间"微公益"行为的合法性需在完善法律的基础上实现身份的合法化。换言之,只有基于法律确认"微公益"才能得到长久的发展。因此,在法律上要承认民间"微公益"具有合理性,明确其并不是官方社会慈善事业发展受阻背景下的替代性产物,而是"互联网+公益慈善"融合生成的新型公益形态。

---

① 北京师范大学中国公益研究院. 转型、变革与创新——2010 中国公益事业年度发展报告[R]. (2010-06-15)[2019-01-27]. http://www.bnul.org/uploads/soft/RD/2010annualreport.pdf.

② 联合国开发计划署. 中国互联网慈善报告[R]. 2016.

互联网在公益领域的应用助推了全民公益时代的到来,让公益活动跨越了时间、空间和资源的限制,把个体连接形成协同合作、自我管理的关系。发端于"多背一公里"的"微公益"随着网络技术的不断拓展,在活动范围、参与形式、项目内容上都呈现出了多样化的发展趋势,作为激发平民参与的一种新型民间公益模式,实现民间"微公益"身份的合法化对"微公益"的未来发展至关重要,对我国现行公益向全民公益转变也发挥着关键作用。因此,要加快完善慈善公益事业的顶层制度设计,积极健全《慈善法》框架下相关法律,对依托互联网发展而来的民间"微公益"行为给予合法性的认可。以立法形式实现对"微公益"组织及其活动的认可和支持,传播全民公益理念,让"微公益"走上常态化、规范化发展道路。

2.给予公开募捐合法资格

"微公益"往往是社会成员出于社会公德加入的微公益事业,其合法性需得到社会的认可,也要受到政府的合理干预[1],而"微公益"公益组织取得合法募捐资格是社会和法律承认其合法性的重要体现。依据《慈善法》第二十二条规定"慈善组织开展公开募捐,应当取得公开募捐资格",个人或一般机构不能公开募捐。虽然《慈善法》将公募资格从原来仅限公募机构扩大到了为公共利益筹款的个人、团体及非公募机构,但目前"微公益"组织一般只能与有资质的慈善组织合作向社会募捐,致使许多"微公益"活动由于资金短缺而夭折。因此,对符合公开募捐条件的民间"微公益"组织给予募捐资格认定通道,让"微公益"组织在经过合法程序取得公开募捐资格,这既实现了"微公益"在现有法律制度下的调适,让公益活动得到行政和法律程序的认可保护,符合社会对公益活动的一般要求,也有助于确认民间公益项目开展的公益内容,让"微公益"得到社会的全面支持。

3.完善监管制度设计

"微公益"的规范化运行需要建立在系统化的监管制度设置基础上,实现社会对其合法性的认可。要继续发挥《慈善法》在网络领域对慈善组织、慈善募捐、慈善捐赠、慈善财产、慈善服务、信息公开、监督管理、法律责任等内容的原则性、系统性的规范作用,为公益领域的法律法规提供系统支撑;同时推

---

① 李月红."微公益"运作如何获得法律保障[J].人民论坛,2015(A07):132-134.

动具体监管制度的不断完善,一方面做好对"微公益"活动发起资格的审核,对募捐平台的规范建设,推动"微公益"项目获得合法资格;另一方面通过构建政府监管的制度体系,明确政府监管职责,健全"微公益"的社会监督机制①,充分发挥社会监督力量,形成有效的规制体系,将"微公益"行为的主体资格、行为规范、监督方式等内容以制度形式确立,提升网络慈善行为的公信力,使得民间"微公益"在外部规制和规范要求下,通过调整内部制度化和组织结构,来满足社会的合法化要求②。

(二)健全政府监管制度体系

民间"微公益"需要政府部门以法律为依据对其进行监管。合法监管能防止"微公益"失范行为的发生,规范和约束相关主体,保障公益慈善活动的有序开展。有效的政府监管既有利于"微公益"满足合法化的要求,也是现有公益慈善相关法律制度中的限制和控制理念向新监管理念转变的体现③。

民间"微公益"主要依托网络开展活动。网络立法监管主要有两种路径:一是鉴于《慈善法》作为综合性的法律缺乏对慈善活动具体的规范作用,针对"微公益"活动设立专项立法,在《慈善法》的整体框架下规定慈善组织从准入登记、募捐主体资格,到资格时效、后续资金运转流向、信息公开等全过程的各种行为规范④;另一种则倾向将相关法律散落在政府各项规定、办法中,主要通过监管慈善组织、项目对网络公益进行规范。基于目前我国《慈善法》框架下包括《慈善组织认定办法》《慈善组织公开募捐管理办法》《慈善组织互联网公开募捐信息平台基本技术规范》等网络公益慈善相关规范的制度现状,结合"微公益"组织和项目的多元化以及网络环境的复杂化特点,通过政府出台相关规范、办法的方式对互联网公益进行监管,发挥民政、财政、税收、审计、监察等部门对网络公益的管理与服务职能,构建政府不同部门之间的协调机制,让政府监管制度体系建立更加合乎网络公益发展的需求。

"微公益"行为监管制度通过设立参与主体准入标准、行为规范制度以及

---

① 杨钊,王茜."微公益"行为、政府引导及其作用机制[J].重庆社会科学,2013(09):121-124.
② 何霞.困境与超越:民间微公益项目合法化问题的研究[J].青年探索,2015(1):36-43.
③ 北京师范大学中国公益研究院.走向现代慈善:2011中国公益事业年度发展报告[R].北京:北京师范大学出版社,2012.
④ 王忞玥.基于《慈善法》规制下的微公益活动的政府监管研究[D].南京:南京工业大学,2016.

责任追究制度,能实现对互联网公益活动的有效监督管理。通过建立网络公益准入制度,加强民政部门对于慈善组织、募捐平台的资质审核;通过完善参与主体的行为规范,对网络公益涉及对象进行监管,提高其承担公益责任的专业能力;通过建立慈善责任追究制度,对参与主体的违规行为进行处罚,避免社会影响力大、情节严重的恶性公益事件发生,发挥好立法、行政、司法权力在维护社会公共利益中的作用。

1.健全网络公益准入机制

随着网络慈善的发展,越来越多的公益组织、网络平台加入"微公益"活动中,采取线上线下相结合的方式发挥网络用户在捐款、捐物以及志愿服务行动中的作用,因此,把好公益"门槛"至关重要。作为借助网络技术实现公益活动的民间公益模式,政府首先要健全网络公益的准入机制,对互联网公益活动的发起和参与主体进行管理,对网络公益组织和募捐平台进行资质核查,通过注册登记管理制度将公益活动中涉及的公益组织和网络平台纳入到管理范围内。同时调整对小型慈善组织和草根慈善组织的注册登记限制,引导"微公益"组织、网络平台成为合法的网络公益主体,避免"微公益"活动陷入无序、混乱,发挥小型公益组织和项目利用互联网开展公益的能力和潜力。

对于借助互联网技术开展全民公益活动的传统公益组织,政府在引导其发挥在互联网公益领域作用的同时,也应对网络时代背景下新兴的虚拟公益组织、网络志愿组织等网络公益组织进行规范①。对于传统公益慈善组织向人人公益的转变,政府部门可通过公开募捐资格申请制度,允许传统慈善组织直接通过网络或官方指定募捐平台进行募捐,或引导其与网络公益对接;对于新型网络公益组织,针对网络的虚拟性、流动性等特质,政府部门需通过制定网络公益组织的登记注册制度,对网络公益组织的设立条件和程序进行规定,增强网络公益组织的社会信任度,发挥不同类型组织在"微公益"活动中的作用。

网络捐赠平台实现了对社会个体公益力量的汇集,对捐赠平台进行监管是保护社会爱心和深植"微公益"理念的必然要求。在 2016 年 9 月 1 日之前,我国网络捐赠平台可分为网络捐赠平台、公益众筹平台和公益网店。之

---

① 秦舒莹.网络草根公益组织面临的困境及出路[J].社团管理研究,2012(6):31-34.

后,民政部门授权 13 家网络捐赠平台可在线合法募捐,开启了针对网络募捐平台的监管。为此,政府部门需提供规范募捐服务的标准和条件,加强对各类平台登记注册,对连接"微公益"力量的网络捐赠平台及运营企业进行严格审核,明确网络捐赠平台和公益组织在公益活动中的不同作用。网络捐赠平台作为提供信息传播的渠道,为具有合法募捐资格的公益组织提供服务,包含官方指定的互联网募捐信息平台在内的所有网络捐赠平台,都要进一步增强信息透明度和公开度,以提高公众对网络捐赠的信任度[①]。

2. 完善参与主体规范制度

勃兴于移动互联网和电子技术的"微公益",有效连接发起方、捐赠方、捐赠平台和受益方四个关键参与方,政府为了维护公共利益对"微公益"参与主体行为进行规范,同时也顺应了公众要求。通过对发起方、受益方和捐赠平台的监管,实现在公益信息发布源头上规范"微公益"活动,保障捐赠方的参与权、知情权、监督权,形成政府与社会协同治理局面。

借助互联网率先发起公益慈善项目或募捐活动的组织或个人是"微公益"活动的主要发起方,政府通过对"微公益"主体建立规范制度,有利于避免投机分子利用网络捐赠平台制造虚假信息进行骗捐、诈捐,也符合《慈善法》框架下个人求助和公开募捐的立法要求。虽然"微公益"除了依托网络发起募捐外,还有"免费茶水""爱心拐棍"等线下的志愿服务活动,但鉴于近年来"微公益"失范行为多是个人利用网络求助进行骗捐、诈捐,且《慈善法》目前将为解决自己或家庭困难的个人求助排除在慈善法律规范外,将"微公益"主体限定为通过网络捐赠平台向社会募捐的公益组织或与公益组织合作的个人。由此,"微公益"发起主体规范既要针对开展网络捐赠的公益组织,也要对和公益组织合作向社会发起求助的个人。对于开展网络捐赠的公益组织,政府部门要加快制定公益组织的运行规范,进一步细化对公益组织内部机构设置、组织运行、资金使用、信息公开的要求;对于通过公益组织向社会发起求助的个人,除了以民法总则、合同法、刑法等法律对个人向社会求助进行监管[②],政府部门还要引导个人、组织之间进行责任划分,可通过自律公约等方

---

①　李程. 网络募捐行政监管初探[D]. 北京:中国政法大学,2011.

②　路建英. 给网络募捐上把"安全锁"[N]. 中国社会报,2018-9-17(3).

式加强对求助信息的前置审核①,发挥公益组织对个人信息、财产情况的审核作用,同时还可将公民网络行为与个人征信记录衔接,避免个人利用社会爱心谋取利益,从源头上对"微公益"行为发起的个人进行规范。

加强网络捐赠平台运营管理是"微公益"四个关键参与方的规范重点,也是实现公益信息公开透明、真实可信的重要保障。政府要从行业管理层面细化平台运营流程,强化平台公开承诺义务的兑现以及事中、事后的监管,加强平台服务能力建设,在《慈善组织互联网公开募捐信息平台基本技术规范》、《慈善组织互联网公开募捐信息平台基本管理规范》两项文件规定的基础上,明确网络募捐平台的法律责任,进一步细化平台的服务对象、信息公示、资金管理、隐私保护、资金管理、风险控制等要求;同时提高网络募捐信息服务的规范化水平,加强平台材料审查与信息公开、资金测算与使用跟踪,在显著位置加注个人求助标识,以适当、显著、易于理解的方式告知公众相关信息并向公众进行风险防范提示②,向公众倡导理性捐赠③;此外,还要引导向平台直接发起的个人求助与具有公开募捐资格的慈善组织进行对接。

3.建立责任追究制度

责任追究制度可以发挥在重大"微公益"事件中,对公益组织或个人、捐赠平台进行责任追究作用,为社会爱心保驾护航,同时也有利于强化社会监督作用,为社会监督提供制度依据。通过追责,对违反法律法规或社会公德而进行的社会募捐以及因信息审核不到位而导致的失范行为,政府部门要对其进行处罚;对"微公益"行为发起人出现弄虚作假等违法行为导致公共利益损失,依法追究法律责任④;对由于平台产生的重大社会负面问题,或带来的重大网络安全事故的,取消平台的公募资格并依法追究平台企业的法律责任;此外,作为"微公益"的受益方,也应将受赠财产用于资助符合公益宗旨的活动和事业,避免类似山西女孩郭某携款"潜逃"、北大段某利用资助款项经商等违背捐赠目的事件再次发生,对违反约定使用捐赠款项的受益人追究其法律责任⑤。此外,监管部门也应依法行使职权,做到法定职责必须为、法无

---

① 李洋.如何看待德云社吴鹤臣网上筹款[N].中国社会报,2019-5-13(2).
② 李健.互联网公开募捐平台规范管理研究[J].社会科学辑刊,2018(03):79-84.
③ 李健,林志刚,彭建梅.网络慈善[M].北京:企业管理出版社,2012.
④ 胡卫萍,赵志刚.中国慈善事业法律体系建构研究[M].北京:中国检察出版社,2014:266.
⑤ 杨思斌.慈善法对法律责任的合理规范[J].新视野,2016(04):32-38.

授权不可为,民政、财政、税务等负有监管职责的部门及工作人员在监管活动中若出现玩忽职守、滥用职权等违法行为,或"不作为"行为,也需要对其进行责任追究[①]。

二、加强捐赠平台内部治理

"微公益"依托快速发展的万维网技术利用网络捐赠平台发挥其快捷性、灵活性、便捷性的固有优势[②],网络捐赠的普及将引领作为主要信息渠道的网络捐赠平台进行变革[③],进一步对公益服务对象、信息披露以及服务能力进行升级。

网络捐赠平台是公益组织、个人发起募捐的第三方网络服务提供者,主要可以分为两类:专业性募捐平台、纯平台型募捐平台。专业性募捐平台又可以划分为借助慈善组织型和不借助慈善组织型[④]。目前专业性募捐平台中只能由慈善组织发起募捐的平台被统称为互联网募捐信息平台,该平台是经由民政部遴选,严格按照《慈善法》规定开展慈善募捐,目前总共有 20 家取得公开募捐资格的慈善组织募捐服务平台。当前大部分平台基本达到了平台建设的预期目标,但有些平台仍存在目标不够明确、与公益慈善组织合作不平衡、特色不明显等问题[⑤]。除此之外,还有很多不具有法定募捐资格平台。例如,爱心筹、创意鼓等公益众筹平台。作为公益信息发布的重要载体,平台是连接募捐发起方和捐赠者的中介和桥梁,通过改善互联网信息平台内部规范来发挥渠道监管的作用,是"微公益"监管体系不能忽视的重要内容[⑥]。

(一)加强服务对象审核力度

网络捐赠平台利用互联网发布募捐信息,让需要帮助的个体或组织得以

① 张骐.论当代中国法律责任的目的、功能与归责的基本原则[J].中外法学,1999(6):28-34.

② 崔振,李芳.个人求助网络募捐平台的法律监管[J].社科纵横,2019(04):79-83.

③ 阿里巴巴集团,瑞森德.中国网络捐赠研究报告[R].2013 年 9 月 22 日第二届中国慈善公益项目展示交流会.

④ 崔振,李芳.个人求助网络募捐平台的法律监管[J].社科纵横,2019(04):79-83.

⑤ 徐家良,互联网公益发展趋势与"四化"建设密切相关[N].中国社会组织,2019(18):20-21.

⑥ 黄春蕾.协同治理视角下我国网络募捐监管体系研究[J].东岳论丛,2017(10):181-187.

通过网络捐赠平台汇集起小微公益力量,实现民间"微公益"活动的力量聚集。但捐赠平台管理不规范会引发信任危机。例如,2019年,德云社吴鹤臣在有房有车的经济状况下,利用网络众筹平台发布求助信息引发社会热议,网络捐赠平台没有审核发起人个人财产信息,让社会质疑平台无法实现对社会爱心的保护。

2016年9月1日实施的《公开募捐平台服务管理办法》,对个人发起社会求助信息真实性的责任进行了明确规定,个人为解决自身或家庭的困难向社会求助,其信息真实性由信息发布个人负责。由于网络捐赠平台无法对服务对象进行资质审核,无法确保公益信息的真实性,如此一来将信息审核压力全部集中于公益组织,这不符合公益组织成立的社会服务宗旨。结合我国目前法律制度规定,平台对发起主体的合法性进行查验虽受到争议[①],但符合当前公益发展的实际需求。因此,平台以行业内要求的标准,在保障发起人隐私安全的前提下对其进行资质审查,同时对个人求助公益组织或公益组织主动发起的公益活动均进行资质审核,形成全面规范的资质审查标准,为社会公众把好求助者信息真实性的"大门"。

民间"微公益"发展既需要官方指定平台做好引领示范作用,为各类平台提供资质审核经验借鉴,也需要其他类型的众筹平台做好对个人求助的审核工作。作为平台领域官方指定互联网信息平台,应严格按照《慈善组织互联网公开募捐信息平台基本技术规范》《慈善组织互联网公开募捐信息平台基本管理规范》两项推荐性行业标准,为取得公开募捐资格的慈善组织提供公平、公正的募捐信息服务[②]。平台应建立公益项目发布的选择标准,对公益组织发起的公益项目,要求其提交包含募捐目的、起止时间、银行账户、受益人、募得款项用途、募捐成本、剩余财产处理等信息的公开募捐活动方案;对个人、非公募组织提出发布求助信息要求时,有序引导个人、组织与具有公开募捐资格的慈善组织实施对接;对于其他的募捐或众筹平台,可遵循《互联网用户账号名称管理规定》《互联网跟帖评论服务管理规定》《互联网论坛社区服务管理规定》等规定,要求个人在发起网络求助时提供真实身份信息,要求

①　金锦萍.《慈善法》实施后网络募捐的法律规制[J].复旦学报:社会科学版,2017,59(4):162-172.
②　民政部关于不具有公开募捐资格的组织或者个人不得开展公开募捐活动的提示[EB/OL].(2019-04-16)[2022-07-28].http://www.mca.gov.cn/article/xw/tzgg/201904/20190400016851.shtml.

非公募机构提交登记信息并提交募捐项目详细信息,以官方指定互联网募捐平台运营作为标杆,避免个人、企业利用众筹平台骗取、消费社会爱心。因此,对于网络募捐平台而言,必须要把好"微公益"准入的门槛,为社会爱心保驾护航。

(二)加大公益信息公开程度

信息公开透明能够保证公众对"微公益"的信任,而公益信息的发布依赖于网络募捐平台良好运营[①]。作为连接捐赠人、受益人、慈善组织、政府监管的网络募捐平台,应建立完善的信息发布机制,及时向社会公开募捐信息,在个人力量集结的同时为公益力量的保持提供社会信心[②]。

"微公益"信息公开主要依据民政部规定网络募捐平台要建立起信息公开规范,通过官方指定平台建立起与服务组织之间有效的信息公开沟通渠道。按照《慈善组织信息公开办法》,官方指定的网络募捐平台应当公开慈善组织的相关信息[③],同时开通捐赠人知情渠道,让捐赠者对捐赠善款实际用途知情。平台作为信息发布服务提供者,必然要承担其对慈善组织的信息公示督促责任,要求具有募捐资格的慈善组织定期提交公益项目的相关信息,对于不履行信息公开义务的慈善组织,可以及时向民政部门反映,若发现慈善组织在开展公开募捐时有出现涉嫌违法违规行为的,立即报告民政部门。

在"微公益"活动信息披露过程中,平台有效的信息输出利于更好发挥社会监督作用。因此,在信息公布上,互联网募捐信息平台可根据参与程度进行信息输出,将信息划分为公开信息和指定信息。"对于捐赠者,其可以凭借捐助时获得的网站地址、账号以及密码随时登录查看自己所参与的慈善活动情况或自动反馈给捐赠人"[④];对于受益人,互联网平台也应承担部分告知义务,让受益者对自己所亲历的公益活动有所了解;对于社会公众,平台则应及

---

① 张小玲.公益网络募捐多元监管径路选择:基于政社共治视角[C].中国软科学研究会.第十二届中国软科学学术年会论文集(上).中国软科学研究会:中国软科学研究会,2016:245-250.

② 李鸿文."微公益"也是社会建设的一个好出口[N].南方都市报,2011-4-10(A22).

③ 《慈善组织信息公开办法》要求具有公募资格组织公布七类信息,包括:基本信息、年度工作报告和财务会计报告、公开募捐情况、慈善项目有关情况、慈善信托有关情况、重大资产变动及投资、重大交换交易及资金往来、关联交易行为等情况、法律法规要求公开的其他信息。

④ 易金翠.公益慈善组织有效信息披露机制的思考——基于信息需求者视角[J].会计之友,2012(04):103-105.

时提供参与项目以及受益人的基本情况、善款筹集情况、公益组织善款拨付以及受益人使用情况等各方面信息,形成与社会公众的良情互动。对于其他平台上发布的个人求助等情况,其他平台应设置资金筹集上线,并告知个人求助与公开募捐的区别以及风险。对于在平台上发布个人、非公募组织的公益项目,督促个人、非公募资格的组织及时公布筹集资金总数,同时向民政部反馈或在公安部门备案,对募捐项目进行风险防控。

作为权威认定的网络募捐平台,互联网募捐信息平台不仅发挥公开发布募捐信息、善款捐赠、慈善组织信息的作用,同时也是实现对公益项目持续跟踪、推动公益组织规范运行的主要力量。网络募捐平台信息及时公开既可以形成平台的品牌效应,更为重要的是,通过加大信息披露的完整性,可以真正实现将"微公益"活动在"阳光之下"开展。

(三)提高平台专业服务水平

民间"微公益"活动是"互联网+公益慈善"的产物,平台的网络服务水平将直接影响公益活动开展的水平。网络捐赠平台服务包含平台募捐能力、用户隐私保护、慈善信息公开等内容,但目前我国互联网募捐信息平台普遍存在募捐能力弱、便捷程度低、隐私保护不足等问题[1],因此互联网募捐信息平台亟须提高专业服务水平。在提高募捐能力方面,平台应加强对外宣传力度,积极向社会公众进行品牌推广,提高平台的知名度和吸引力;同时加强与公益慈善组织的沟通交流,打破原有单一服务模式,积极开发慈善产品,为公募组织提高多元化、个性化的慈善募捐服务;还可通过收集已入驻平台的慈善组织遭遇的共性问题,在平台上设置专门的解答区域予以回应。此外,在募捐项目设计上,注意积累和研究受助群体的各类数据,注重对网络捐赠人以及慈善公益项目的类型及其效果进行分析和研究,总结捐赠人的特点,将其用作制定符合网络捐赠人需求的网络慈善项目[2]。

"微公益"募集活动中应当充分利用互联网的高效便捷优势,加强网络捐赠平台中移动互联网技术的使用强度,开通在线募捐支付功能以及配套的技

---

① 杨伟伟."七维"协同治理:推进我国互联网公开募捐信息平台的规范化建设——基于首批11家公开募捐信息平台的分析[J].理论月刊,2019(06):145-154.

② 汪丹.我国网络慈善事业的可持续发展研究[J].社会工作,2014(06):91-98.

术保障,发挥移动支付技术在网络募捐中的作用,尽可能提高捐赠人捐款方式的便捷度,同时做到捐赠款项直接汇入慈善组织的银行账户或安全的第三方支付账户,不代收捐赠资金。此外,平台还应采取严格的安全措施,规避发生个人用户信息泄露或侵犯知识产权的风险,将自身打造成一个安全且功能完善的权威募捐平台,以更好地为公益慈善事业提供服务。

三、重塑政府行政监管体系

构建完善的政府监管体系是推动"微公益"健康发展的必然要求。作为公益慈善事业发展的监管主体,政府部门在建构政府监管体系时,首先应革新政府的监管理念,树立现代化行政法治理念,依法对监管对象采取监管行动,同时重视社会监督力量的参与,既承担自我的监管责任,也发挥其他各界的监督作用,形成多元共治的监管格局。鉴于公益慈善事业发展日新月异,特别是"互联网+公益慈善"突飞猛进,政府也应针对新出现的公益形式采取新的监管模式,在依法监管原则的指导下,对监管主体、监管责任进行重新界定,结合网络特点对多样化的"微公益"活动采取不同的监管方式。同时,加强责任意识,既对违反规范的监管对象采取规制,也对由于政府滥用权力带来的损失进行追责。

(一)革新政府监管理念

1.树立现代行政法治理念

监管理念作为"微公益"行政监管体系的重要组成部分,是"微公益"监管主体对"微公益"进行监管过程中必须遵循的指导思想和核心价值观念,对规范"微公益"监管活动起着尤为重要的作用。政府对"微公益"行为进行监管,旨在促进"微公益"甚至整个慈善事业的健康发展,保障参与者与其他民众的合法权益。同时,作为一种行政行为,其工作实质就是借助行政权力来规范、指导"微公益"行为活动,维护社会公共利益。行政监管具有一定的强制性和支配性,能控制和干预经济关系和社会公共生活的开展,一方面有助于维护社会公共利益,另一方面也容易造成对公民权利的侵害、制约"微公益"发展。因此,行政主体在实施行政监管的过程中,应当牢固树立现代行政法治理念,坚持依法行政。

现代法治理念下对民间"微公益"进行监管符合法治政府理念,也是我国依法治国的必然要求①。现代法治理念主要由宪法和法律至上、行政权力有限、行政民主、公众参与和共同治理以及责任政府等理念构成。②在对"微公益"实施监管时,必须遵守法治观念,在完善相关法律法规的同时,严格遵照法律法规设立、变更或撤销政府监管机构,同时对从事慈善管理的工作人员进行法治教育,提高其自身素质,让我国慈善事业管理工作各方面的参与者能够正确理解、掌握国家慈善政策和法律法规,提高执法队伍的法治意识,确保政府监管及其工作人员严格遵守法律规定的条件和程序进行监管活动,以防监管行为侵犯公民合法权益。行政权力有限理念要求树立有限政府的观念,政府在监管过程中应恪守职责权力规定,要求行政主体及其工作人员树立权力界限意识,明确行使权力边界,避免因自由裁量权过大而导致权力的扩张和滥用,从而影响"微公益"的健康发展。此外,行政民主、公众参与以及共同治理理念,则要求在加强政府行政监管的基础上,引入民众、新闻媒体等社会多元主体合作治理的理念,共同对"微公益"行为实施监管。最后,责任政府的理念,则要求政府自觉承担监管职责,在行使监管职能的过程中,严格遵守相关法律规定,并接受来自内外部各方的监督,如有违法行为应当承担法律责任,确保权责一致。

2. 引入善治理念

社会大众参与的"微公益"活动既需要发动公民个体积极参与,也需要发挥社会对公益事业的治理作用。"善治"是使公共利益最大化的公共治理过程,其本质特征在于政府与社会各方力量对公共生活的合作共治,即在社会治理过程中,除了政府机关和各种机构,其还注重公民的参与,因而善治理念的提出是为了促进国家与社会之间的互动③。善治理念既要求政府承担公益监管的责任,发挥"责任政府"的作用,也要求政府重视公民在公益治理中的作用,体现"民主政府"特征④。因而在"微公益"监管体系的建构中,要以

①　刘玮. 公益与私利:亚里士多德. 实践哲学研究[M]. 北京:北京大学出版社,2019:54.

②　张英俊. 现代行政法治理念[M]济南:山东大学出版社,2005:32.

③　俞可平. 治理与善治[M]. 北京:社会科学文献出版社,2000:59.

④　俞可平. 善政:走向善治的关键[J]. 当代中国政治研究报告,2004(01):16-22.

实现公共利益最大化为目标,既要充分发挥政府的监管作用,着力营造网络慈善的良好环境,另一方面也要认识到政府监管的局限性,建立"微公益"监管的多元治理机制,在监管体系中引入社会协作理念,形成多元主体协同治理的机制,使得监管主体不仅仅局限于政府监管部门,将监管部门管理者身份转变为监管主导者,使得社会力量参与到监管中,协助政府部门完成监管活动。

保障"微公益"活动有序化开展,进而促进我国网络慈善乃至整个慈善事业的发展,必须有正确的理念作为指导,这直接决定了政府监管主体对慈善事业进行监督和管理的未来走向。为此,在建立健全"微公益"行政监管制体系的进程中,必须重视监管理念革新,引入善治理念构建真正的现代行政监管体系。

3. 树立整体性政府理念

政府对"微公益"的行政监管是通过对"微公益"组织及其活动行为、状态、结果进行规制,以维护公共利益、满足公众需求。整体性政府理念旨在提升政府行政能力,进而满足公众的需求[①],让"微公益"的发展更好地服务于经济和社会发展。政府秉持整体性政府理念,加强对"微公益"失范行为的行政监管,能保障"微公益"合法、合规的可持续发展,让更多慈善需求与慈善帮扶得到有效、优质对接,满足公众对"微公益"在公益慈善事业中发挥积极效应的更高期待,为"微公益"的健康发展营造坚实的社会信任基础。在"微公益"监管过程中,监管主体呈现多元化特征,不仅涉及行政体系内部诸如业务主管部门、审计部门等职能部门的监管,也涉及市场与第三部门等多方行动主体。一方面,多重监管主体易产生重复审查情况,且涉及关键重要问题时又易囿于推诿扯皮或各自为政等因素制约,影响事情的妥善解决。[②] 另一方面,不同监管主体的不同诉求,影响监管效果的有效性与稳定性。因此,为实现公共利益最大化,需要以整体性政府理念,整合行政体系内部相互独立的各个部门和各种行政要素,构建起横向、纵向紧密联系与合作,[③]同时吸纳市

---

① 王佃利,吕俊平.整体性政府与大部门体制:行政改革的理念辨析[J].中国行政管理,2010(01):105-109.

② 王态玥.基于《慈善法》规制下的微公益活动的政府监管研究[D].南京:南京工业大学,2016.

③ Perri 6. Holistic government[M]. London: Demos,1997:9-10.

场、第三部门治理主体参与,实现政府与社会的整合以及社会与社会的整合①,形成对"微公益"监管的合力,进而实现增进社会公益的目标。

借助信息技术来提升治理效能是整体性政府对时代要求的积极回应。信息技术可以整合不同利益诉求实现公共政策的合法化,打通部门之间的组织壁垒实现治理的无缝隙化,减少功能和地域差异实现公共服务提供的高品质化。② 在推进不同监管主体之间的整合与协同治理中,要求政府强化信息技术保障,将信息技术广泛应用于行政监管服务中,构建公益慈善大数据信息平台,打通各种网络媒介、平台和部门间的"信息壁垒",推进监管信息的联通与共享,提升对"微公益"组织及其运作的监管效能,最终促进"微公益"慈善事业的健康发展。

(二)构建监管制度体系

1.遵循监管原则

政府遵循法治、效率、公开、分类的监管原则对"微公益"进行监管,既利于对公益活动开展合法规制,也是政府应对传统政治模式和公共管理在公益领域治理转型的具体体现。政府监管是政府行使行政监管权的具体表现。作为国家公权力的执行,政府监管在行使过程中往往带有较大的强制性和行政自由裁量空间,容易引发权力的滥用。因此,行政主体在履行行政职责对"微公益"进行监管时,必须遵循行政监管原则。要遵循依法监管原则,权力来源于法律规定并在法律规定的权限范围内行使,只有按照法律规定的步骤、时限和顺序进行监管,不当或违法行使职权才能承担相应的法律责任③;遵循效率原则,没有行政效率就无法实现维护社会所需基本秩序的功能,因而建立在合法性基础上的行政效率也被认为是行政权的生命,基于此,政府严格按照法定程序对"微公益"活动实施监管时,应尽量保证以有限的监管成本获取最大的监管收益;遵循公开原则④,要求政府在开展监管活动时,向社会公众公布其行使行政监管权的法律依据、具体实施程序、实施结果以及其

① 蔡立辉,龚鸣.整体政府:分割模式的一场管理革命[J].学术研究,2010(05):33-42.
② 曾令发.整体型治理的行动逻辑[J].中国行政管理,2010(01):110-114.
③ 吴敬琏,江平.洪范评论[M].北京:中国政法大学出版社,2005:48.
④ 姜明安.行政法与行政诉讼法[M].北京:北京大学出版社、高等教育出版社,1999:75.

他应该公开的信息,这不仅是对行政主体的约束方式,同时也是社会公众对其进行监督的前提;此外,还应遵守分类原则①,根据不同类型的公益活动采取更加有效的监管措施。

2.明确监管部门

民间"微公益"是传统慈善向现代公益转型的重要表现之一。推动公益事业规范、健康发展,应将监管职权纳入到统一的政府监管部门中实施。基于此,慈善事业的政府监管机构同样也是"微公益"的监管主体。当前我国的慈善事业的政府监管主体主要是政府登记管理部门和相关业务主管部门,这种多头监管、双重监管形式容易造成行政部门之间相互扯皮、推诿,降低监管的有效性,甚至出现监管缺位现象,不利于"微公益"事业发展。

国际上对公益慈善机构实施监督和管理的政府机构存在多方监管和专门监管两种模式。美国通过税务部门和司法部门承担监管公益慈善职责,英国则成立专门化的慈善委员会进行监管②。鉴于单一监管机构权责明确的优势,我国应建立一个具有一定独立监管地位、明确监管职责、良好结构设计、内部运行协调的专门性慈善事业监管机构,该机构可独立于民政部门,也可以作为民政部门的下属机构,赋予其制定和执行慈善事业监管法规的权力,统一对慈善组织及慈善事业实施监督和管理,同时还接受行政法等相关法律制约,依法履行监管职责并承担相应的法律责任,并保持和税务部门、公安部门、司法部门的协同合作,实现由传统多部门监管向专门监管转变。

为了确保监管机构对"微公益"实施监管时保持独立性,在监管机构内部权力配置中,横向上按照权责一致原则完善相关职能分配,纵向上采用垂直管理模式,即上级机关领导下级机关。作为独立的监管机构,不仅要对慈善准入进行监管,还要对公益慈善组织机构运行进行定期或不定期的检查,对公益慈善活动的组织与开展进行督查,并为有需要的个人、公益组织、慈善机构等提供相关法规、政策咨询服务。此外,还必须对媒体曝光或民众反映的慈善恶性事件及时回应并采取行动。③

① 张树义.行政法学[M].北京:北京大学出版社,2005:89.
② Rochester,Colin. An Introduction to the Voluntary Sector[M]. London,1999:190-207.
③ 桑小敏.我国网络募捐行政监管法律制度的缺失与构建[D].南京:南京航空航天大学,2013.

3.优化监管方式

灵活运用各种监管方式对"微公益"利益相关者进行有效监管,是监管部门的重要责任之一。随着公益慈善事业发展日益多样性和复杂化,政府监管部门采用单一监管方式已不能满足对慈善事业有效监管的要求,更无法适应基于互联网的"微公益"健康发展的需求。因此,监管部门的行政监管方式必须实现由单一走向多元,并根据网络慈善的特点,采取更加有针对性的监管方式进行监管。

为有效履行对民间"微公益"的监管职责,行政监管机构必须使用强制性的监管手段。例如,通过行政命令、行政处罚等强制性手段整治各种乱象。此外,还要结合公益慈善事业发展规律,通过行政给付、行政资助等激励手段来促进网络公益组织发展,这不仅有助于提高相关从业人员的公益热情,适当的帮扶还可以更好发挥"微公益"在弥补"政府失灵"[①]和"市场失灵"上的不足;还可以在监管对象自愿接受的前提下,通过指导、鼓励、劝告、建议等方式来实现监管,这既避免了损害参与主体的积极性,还有助于在保证慈善监管措施顺利实施的同时,培育民主参与的公共精神。除此之外,政府部门还可以组织专家定期对公益组织、网络捐赠平台进行评估,综合运用行政约谈、行政合同等新型行政方式对参与主体实施监管[②],一旦发现违规迹象就对公益组织、网络捐赠平台等参与主体进行警示、规范、引导,做到防患于未然[③]。采用多种方式对民间"微公益"进行监管,能让"微公益"更好地承担社会责任,弥补了"微公益"行动中"志愿失灵"的缺陷[④]。

4.加强监管问责

责任追究不只是针对"微公益"行为的发起方和参与方,还包括对政府监管机构。对于政府监管机构而言,实施责任追究是在坚持依法监管原则的前

①　Burton Weisbrod. "Toward a Theory of the Voluntary Nonprofit Sector in Three-Sector Economy",in E. Phelps. ed[J]. Altruism Morality and Economic Theory. NewYork:Russel Sage,1974.

②　民政部社会组织管理局约谈轻松筹平台[EB/OL]. (2017-02-15)[2019-11-17]. http://www.mca.gov.cn/article/xw/ywdt/201702/20170215003294.shtml.

③　民政部,互联网慈善的"中国样本"正在形成[EB/OL]. (2019-04-16)[2022-07-28]. http://www.mca.gov.cn/article/xw/mzyw/201904/20190400016396.shtml.

④　L. M. Salamon. "Rethinking Public Management:Third-Party Government and the Changing Forms of Government Action"[J]. Public Policy. 1982,29(3):255-275.

提下,对其监管行为失范加以惩处的必然要求。按照"有权必有责,权责相对称,用权受监督"①的原则,对政府监管部门进行问责也是民主治理的体现。

科学有效的行政责任追究制度既是落实对民间"微公益"监管责任的体现,也是责任政府建设的核心内容②。根据行政责任法治化的要求,在"微公益"行为监管内容上,政府监管部门和行政人员要依据《慈善法》以及公益慈善监管政策对"微公益"进行监管,做到"法无授权不可为";在监管授权过程中,向监管部门及其相关工作人员明确监管职权和责任,对监管部门及其行政人员监管失职、滥用权力等行为,不仅要追究其法律责任,还要进行政治问责;在监管程序上,依法判定行政监管人员须承担的行政责任,严格按照立案、调查、决定、执行、申诉、复议等一般追责程序对"微公益"监管失职问题进行追责。

(三)整合监管部门职能

1.监管部门职能整合

根据我国颁布的《慈善法》《中华人民共和国公益事业捐赠法》等现有法律规定,慈善事业的行政监管部门包括各级民政部门、慈善组织挂靠的业务主管单位、政府税务部门、审计机关等。③ 因此,我国"微公益"的行政监管主体呈现多元化、多层级治理特征。然而,目前针对互联网公益慈善的《公开募捐平台服务管理办法》尚未对各部门的具体职责进行界分,各职能部门责任范围和责任主体不明确。在此情况下采取多主体共同监管容易造成权责不清,难以实现监管职能间的有效衔接,影响对"微公益"的有效监管。构建应对职能碎片化问题的监管体系有两种模式,一是合并职能机构,通过组织机构调整进行大部门制改革;二是在不改变科层制组织体系的前提下,借助互联网等现代信息技术构建沟通协调机制,推动政府职能部门间的联结。④ 根据我国现阶段公益慈善事业发展的现实情况,推动职能部门间的无缝隙协作

① 阿檀林.慈善捐赠行政监管研究[D].北京:中国政法大学,2009.
② 陈党.行政责任追究制度与法治政府建设[J].山东大学学报(哲学社会科学版),2017(03):27-32.
③ 桑小敏.我国网络募捐行政监管法律制度的缺失与构建[D].南京:南京航空航天大学,2013.
④ 陈国权,皇甫鑫.在线协作、数据共享与整体性政府——基于浙江省"最多跑一次改革"的分析[J].国家行政学院学报,2018(03):62-67.

更契合实际,政府部门需要按照职权明晰的原则,在明确各监管主体权责边界并理顺相互间关系的基础上,通过联席会议等方式共商共管,构建起各部门间的信任机制与沟通协调机制,实现多个部门职能间的整合,以应对监管职能碎片化的问题。同时,有效规制"微公益"违法失范行为,有赖于具有管辖权的公安部门执法与司法部门裁决。因此,要建立与公安部门、司法部门的工作衔接机制,创建完善的信息沟通和联合执法等工作模式[①],加大对"微公益"活动乱象的打击力度,针对情节严重、社会影响力大的失范事件,通过司法诉讼维护相关利益者的利益,让更多公益失范行为在未来监管中得到矫治。

2. 监管信息平台搭建

信息技术具有的强大整合能力,是实现部门监管职能整合、决策科学化的重要支撑。[②] 借力数字信息技术赋能,由民政部牵头与慈善总会构建统一的监管信息平台有助于顺应公益慈善事业发展的新态势。一是要通过大数据技术在监管信息平台中纳入公益慈善大数据,通过汇集、发掘、共享公益慈善行业信息与"微公益"相关组织及其互动信息,为参与公益慈善行动的个人、社会组织、企业在线设立冠名基金和电子爱心档案,并纳入监管信息平台,为政府监管和政策创制提供精确信息,同时,借助区块链技术实现对慈善捐赠全流程的数据监管,全力打造"阳光慈善"。二是依托完善的监管信息平台,打通各职能部门间的"信息壁垒",采用"统一平台、分权管理、数据共享、联动监管"的工作模式,横向打通监管部门数据壁垒,在民政部门、业务主管单位、政府税务部门、审计机关间,对域内"微公益"组织相关人员、资金、数据实行监管一体化,实现对职能部门的一网统管,并与公安部门、司法部门间构建其信息推送与案件移送机制,及时与相关部门进行信息资源的共享。

四、优化公益行业自律机制

公益组织行业自律是慈善事业发展的重要前提[③],也是监督体系的第一

---

① 王佃利,吕俊平.整体性政府与大部门体制:行政改革的理念辨析[J].中国行政管理,2010(01):105-109.

② Patrick Dunleavy. New Public Management is Dead—Long Live the Digital Era Governance [J]. Journal of Public Administration Research and Theory, 2006(3):467-494.

③ 黄丹.关于构筑中国特色慈善事业监督体系的思考[J].社会科学,2004(10):58-63.

道防线。建立公益组织行业自律机制首先要成立行业协会,发挥其对公益组织的规范作用和与政府间沟通的作用,为公益事业发展争取一个良好的社会环境;同时,作为公益活动的主体,公益组织内部规范运作是提升公信力的基础,因此,要加强公益组织的内部建设和自我约束,让其自觉遵守法律制度要求;要借助行业自律进一步加强自身能力建设,强化社会责任感,履行公益活动开展中公益信息公开的义务;由于公益从业人员的道德水平和专业能力是影响公益行业、公益组织专业化发展的重要原因之一,因而要大力加强专业人才的引入,为公益事业的持续发展提供人才保障。

(一)设立公益慈善行业协会

公益行业自治就是让行业协会发挥对组织开展民间"微公益"活动的监督和约束作用。通过公益行业协会可以对慈善公益组织进行指导和支持,规范组织的日常运行,还可以联合官方指定的网络募捐信息平台发布有关慈善组织的各类募捐信息,进而引导社会捐赠的同时,推动慈善组织"优胜劣汰"。此外,行业协会还可以通过举办"99公益日"等行业活动,加强慈善组织之间的沟通交流,通过邀请慈善组织负责人、公益慈善参与者、学界"外脑"共商共建行业规则,还可以通过发起行业承诺、行业自律书等形式,引导公益事业从单一的监管形式为主走向多元化的自律模式为主,这既吸引社会对公益慈善的关注,形成社会监督合力,也有助于提升公益慈善事业的公信力,行业协会还可以发挥与政府沟通桥梁作用。由于我国的特殊国情,公益组织与政府部门之间并非领导与被领导、支配与被支配的简单关系[1]。因此,通过行业协会加强与政府部门的沟通,处理好公益慈善组织与政府的关系,以合作的方式发挥社会组织作用,弥补政府民生服务提供不足的同时,也可以为公益行业争取到更多人力和资金支持。

(二)加强公益组织自我建设

公益组织作为民间"微公益"参与主体,要通过加强自我建设来提高组织公信力,从而为公益事业树立品牌。

首先,公益组织要明确自身定位,提高自身服务意识;规范内部治理结

---

[1] 刘文光.我国公益慈善组织发展中存在的问题及其对策分析[J].行政与法,2009(01).

构,制定组织机构章程,对各部门职责进行清晰划分,避免出现由于权责不清导致效率低下[①];实行会员制的公益慈善组织,要制定完善的会员入会、审批的程序规范;完善组织的财务制度,提高财务工作的透明度,保障组织内部财务工作的有效运行,定期向社会公开信息。

其次,民间"微公益"组织在内部规范运行基础上,对外要做到公益信息的披露。公益组织主动披露信息将极大推动信息透明化,因此公益组织要提高利用互联网的信息公开能力,特别是重视新媒体在信息披露中的作用,利用新媒体与社会进行互动,在利用新媒体募集资金和开展志愿服务的同时,也要加大沟通力度,发挥新媒体在组织信息公开上的潜力[②]。此外,公益组织还要加强人力资源管理,建立对志愿者的管理制度,加强优秀人才引进,设置组织内部人员的工作评估、绩效考核等人事管理制度。

最后,公益组织要注重形象建设,通过高效的组织运行完成公益项目,向社会公众展示良好的公益形象。树立良好的组织形象能提升社会公信力和美誉度,利于获得更多社会捐助和支持。例如,"免费午餐""大爱清尘"等"微公益"行动都因良好的组织形象获得广泛的社会支持。

(三)建立公益事业从业标准

"职业标准的建立和完善是'互联网+公益'健康发展的基础,现代公益作为一项重要职业,迫切需要系统化的职业标准。"[③]通过建立系统化的公益职业标准,有助于推动公益慈善的财务管理、筹款管理、项目管理、传播管理、慈善信托等领域培养专业化公益人才,促进公益从事者树立良好职业道德,提升公益行业领域的专业水平和道德自律。因此,在鼓励社会志愿力量参与的同时,公益行业内的组织和机构也应加强培养专业化人才。一方面,行业协会要积极向政府部门争取资金、技术和师资队伍建设的支持;另一方面,可以积极与具有专业师资的高校进行合作,吸纳专业老师、学生加入公益行业,

---

① 果佳.从"格桑花"危机透视中国网络慈善组织的可持续发展问题[J].中国行政管理,2012(11):64-67.
② 袁同成,沈宫阁.新媒体与"善治"的可能——基于中外网络慈善监管的比较研究[J].甘肃社会科学,2014(3):118-121.
③ 王振耀.探索"互联网+"时代中国公益规模化与专业化的均衡发展[J].人民论坛,2017(06):64.

为公益行业的发展提供专业人才支撑和宣传力量①。特别是在网络公益领域,更要引入专业的网络管理人才发挥公益组织在社会互助中的作用。公益组织可借鉴国外公益人才培养模式,引入激励机制,为专业人才提供有吸引力的薪酬,加强公益理念培训,提升其对公益事业的认同,注重其能力的发挥②,推动散乱、无序的公益局面向专业化方向发展。

五、发挥社会各方监督作用

在构建和完善民间"微公益"监管体系过程中,只依靠政府监管部门对"微公益"行为主体进行干预是远不够的,还要充分发挥社会力量的监督作用,与政府共同构建多元化的监督体系。在"微公益"监管中,利用社会力量进行监督既有利于发挥"微公益"参与广泛性的特长,让参与者通过网络平台对社会捐赠的使用和管理进行监督,又具有操作性强、反馈便捷的优势,能减轻政府的监督成本。因此,在监管中,要做到"既依靠主管机构的监督又依托社会力量,充分发挥社会监督的积极作用"③。

对于社会监督主体的构成,杨钊认为主要由捐赠人、新闻媒体、社会大众构成④;桑小敏则把网络募捐的捐赠人和受益人统称为网络募捐的利益相关者,进而将社会监督主体划分为网络募捐利益相关者、新闻媒体以及其他社会公众⑤;何霞强调,在外部监督中,新闻媒体对"微公益"项目的合法性问题应该给予监督和揭露⑥;常洪梦提出,在新媒体与公益互动中,公众行使参与权和监督权是保障二者良性互动的重要条件⑦。在监管职责划分上,金锦萍认为,"由于慈善不再是慈善组织的特权,因此政府、志愿者、捐赠人(包括自然人、法人和其他组织)、媒体、网络服务供应商、慈善行业组织都可以在《慈善法》中都可以找到各自的职责边界"⑧。

---

① 郑枫侠.网络公益组织发展策略研究[J].管理观察,2018(29):81-83.
② 徐顽强,王嫣.制度变迁视阈下我国网络公益的发展路径[J].理论月刊,2012(07):147-152.
③ 何霞.困境与超越:民间微公益项目合法性问题研究[J].青年探索,2015(01):36-43.
④ 杨钊."微公益"的缘起、问题及发展建议研究[J].发展研究,2013(11):113-115.
⑤ 桑小敏.我国网络募捐行政监管法律制度的缺失与构建[D].南京:南京航空航天大学,2013.
⑥ 何霞.困境与超越:民间微公益项目合法性问题研究[J].青年探索,2015(01):36-43.
⑦ 常洪梦.新媒体与公益的互动机制建构[J].新闻研究导刊,2016,7(02):242.
⑧ 金锦萍.慈善法开启民间与政府共同为社会筑底的时代[N].人民日报,2016-03-21(23).

综上所述,根据不同社会力量的影响力强弱和监督作用大小,将社会监管主体分为公民个人、社会媒体、社会组织三个层面。在公民个人层面,依据影响力大小可将其划分为普通网络参与者和具有话语权的网络意见领袖,对于普通网民而言,要逐步养成公益理念和自律意识;对于网络意见领袖而言,一定要发挥积极的舆论引导作用。在新媒体层面,要注重发挥好公益组织和项目信息的披露作用。在社会组织层面,则可引入第三方社会评估机构对"微公益"失范行为进行评估价、监督。

(一)激发广大民众的公益监督意愿

"微公益"出现的意义不仅在于其对社会弱势群体作的贡献,重要的是它改变了人们的公益理念①。民间"微公益"遵循积小成大的理念,以"茶虹""善客"为代表的"微公益"活动,向社会公众传达了三个重要的公益理念:创造价值做公益、传递公益思维、习惯力量将改变公益发展方向②。当前,借助互联网信息技术,"公民可以通过网络在任何地点参与他们想要参与的慈善,这打破了慈善捐赠身体力行地捐钱捐物的模式,以更加多元化的方式呈现并渗入到公众的生活"③。作为网络和公益融合的产物,"微公益"在传递人人公益理念的同时,也需要公民树立起对公益活动的责任意识,在新公益理念下培育其社会监督参与意识,摈弃面对"微公益"失范行为时坐视不管的消极态度,避免社会产生"我不管也有别人管"的集体无意识。

为推动互联网公益慈善的健康发展,公民要树立"我为人人、人人为我"的新公益理念,积极接受公益知识,面对新型的互联网公益形态,要转变以私德为核心的传统社会责任观念。一直以来,我国传统的社会责任观念注重对家庭的责任意识,但随着网络公益活动的出现,微博、QQ、博客、百度贴吧、Google网上论坛以及BBS公益板块等网络平台扩大了网络公益的影响力,使得"人人公益"理念在转帖、关注、捐赠中深入到公民生活态度中④。"微公

---

① 张木兰.2010年十大公益关键词-微公益[N].公益时报,2011-01-05(12).
② 宋道雷,郝宇青.从传统公益研究到网络公益研究的变迁——中国公益研究状况述评[J].社会科学,2014(2):28-38.
③ 李斯文.网络个人求助的规范路径研究[D].上海:华东政法大学,2018.
④ 程芬.中国网络公益调查[R].(2008-01-09)[2019-08-23].2008.http://www.bid.corn.clr/cppd/csgy/200801/t20080109_409694.htm,2008-01-09.

益"不仅提倡对亲人、熟人的关爱责任及其履行,还注重对社会、他人的关爱,鼓励个人通过微小的公益行为来传递社会爱心。因此,对于个人而言,积极参加"微公益"活动不仅有利于提高自身道德水平,还体现了公民对社会的强烈责任意识。公民的责任意识会让公民认识到个人与社会之间的依存关系,形成对国家、社会的社会责任感,而这种责任感也会使得公民在面对"微公益"失范行为时,能摆脱私人利益对个人的牵绊,积极参与监管活动,以此推动"微公益"更加规范的发展。

在网络公益活动监管过程中,公民在正确公益理念的指导下,一方面,个体作为捐赠人,在参与网络公益活动时要学会辨别虚假求助信息,区别不同类型的网络公益形式;在传播募捐信息时,要意识到自身对信息核实情况的责任,对于参与的公益活动,要积极关注后续的项目进展、资金使用等情况,一旦发现虚假求助信息,可向指定的慈善组织或政府机关进行实名或匿名举报;遇到公益组织或网络募捐平台未按照规定公开善款使用信息情况时,可向政府部门申请督促信息公开;面对善款滥用情况,捐赠人有权要求平台返还捐款,保障自己的合法权益。[①] 对于参与网络公益的个人,也要意识到除了便捷的网络捐赠参与方式,社会更需要个体加入志愿活动,为受众群体提供服务、为公益组织项目管理等提供指导。相较于网络公益慈善的社会参与而言,目前网络志愿服务活动的参与人数较少,需要有更多的人投入活动实践当中[②]。因此,特别鼓励个人除了捐赠款物外,采取志愿活动等方式加入网络公益慈善活动中。这既有利于个人通过志愿服务活动学习公益知识,也能在实践参与过程中更好发挥监督作用。在"人人参与"的公益理念下,公民通过多样化的方式参与网络公益活动,既在思想上对公益项目愈加重视,也能感受到自我的社会监督权利,并能通过与政府、公益组织、捐赠平台沟通,行使监督权利,推动"微公益"失范问题的解决。

(二)发挥网络意见领袖的舆论影响

互联网的发展为个人提供了平等、多元的话语表达平台,每个人都有向

---

① 吴光芸.基于互联网平台的社会互助模式及监管研究——以公益众筹为例[J].改革与战略,2018(11):49-54.

② 童婷.网络公益慈善发展研究[D].南京:南京大学,2018.

社会发声的机会,因此也形成了一些在网络世界拥有特殊话语权的公民,他们也被称为网络意见领袖。在民间"微公益"治理中,网络意见领袖的深度参与和引导使得公益信息得到更多社会关注,让公益事业成为舆论监督的热点领域。①

加州伯克利分校萧强教授认为,网络意见领袖的特征是具有博客等不同于以往的发言平台,他们往往是部分领域的专家。丁汉青总结了学界对网络意见领袖的看法,指出"网络领袖与受其影响者处于同一团体并有共同的兴趣爱好,他们被公认为是见多识广的或称职能干的人,在社交方面较为活跃,且更多地使用媒介"②。Kenny K. Chan 和 Shekhar Misra 则提出,在不同环境下的意见领袖具有很大差异③。对比传统意见领袖,宋石男将网络意见领袖在社会地位、影响范围、稳定性等方面的不同做了梳理,主张"网络时代的意见领袖数量巨大、流动性强,且彼此之间的呼应或驳难非常频繁,由此产生一种特定的压力气场,能影响舆论、引发导致行动乃至改变决策"④。上述观点表明,发挥网络意见领袖的影响力,以网络平台为渠道,对公益项目进行监督,不仅能促进单个"微公益"失范问题的解决,还能发动公众力量,形成一种对网络公益的日常舆论监督,达到常态化监管的目的。

在"互联网+公益"领域,网络意见领袖处于信息源的前端,他们往往是社会热点事件的见证者、参与者或热点信息的发布者,而微博、微信等媒介裂变式的信息传播方式,有助于网络意见领袖通过信息曝光对"微公益"进行监督,特别是对于一些涉及公共利益的重大事件,意见领袖总会发出质疑或肯定的声音,并提出解决问题的方法,能起到积极的监督作用⑤。"微公益"项目监督中,在对事实真相全面、准确了解的基础之上,遇到发起信息不全时,网络意见领袖要及时提出质疑,要求发起人公布个人基本信息,撰写善款使

①　周志忍,陈庆云.自律与他律——第三部门监督机制个案研究[M].杭州:浙江人民出版社,1999:59.

②　丁汉青,王亚萍.SNS网络空间中"意见领袖"特征分析——以豆瓣网为例[J].新闻与传播研究,2010(3):82-91

③　Chan K,S Misra. Characteristics of the Opinion Leader:A New Dimension[J]. Journal of Advertising,1990(03):53-60.

④　宋石男,互联网与公共领域建构——以 Web2.0 时代的网络意见领袖为例[J].四川大学学报,2010(03):70-75.

⑤　刘再春.微时代"意见领袖"的作用与局限[J].理论导刊,2014(7):11-13.

用计划书,同时引导公众对项目进行全面了解,遇到问题要提前发出警示提醒;对于具有社会影响力的公益项目,意见领袖要意识到自身的社会责任,理性、客观地发表言论。在面对"微公益"失范行为时,网络意见领袖可基于高粉丝数、高转发量和高评论量的舆论影响力,积极引导网络舆情形成社会舆论压力,督促有关部门介入问题事件的解决。例如,资深网络媒体爆料人周筱赟揭露"郭美美事件",将红十字会相关机构卷入到舆论中心,迫使其最终解决了捐赠信息公开问题。

在日常网络沟通交流中,鉴于多数网络意见领袖拥有良好的文化知识背景,应主动承担"微公益"理念塑造和传播责任,向社会公众传递正确的慈善文化知识,在网络环境中传递正能量,让社会公众对网络公益慈善的认识建立在正确的慈善文化之上。同时向公众普及网络公益的法律知识,提升网络公益的社会关注度。此外,结合网络意见领袖涉及领域广泛的特点,不同的意见领袖可以通过相互关注提高获取最新消息的效率,也可以通过在自己的回答或在专栏文章中引用其他意见领袖的观点[①],拓展公益知识的影响范围,吸引更多的人加入公益项目的监督中,形成一支稳定的网络公益监督力量。

网络意见领袖在"微公益"领域不仅能发挥呼吁社会爱心的作用,也可以承担公益监督的重要责任。因此,在网络环境中,既需要网络意见领袖发挥社会动员作用、集聚社会爱心,也需要发挥其特殊的影响力,吸引社会公众关注,借助网络舆论压力,推动"微公益"失范问题得到解决,最终成为网络环境中监管"微公益"项目的常态化力量。

(三)增强新媒体公益信息披露作用

近年来,新媒体在"微公益"中一直发挥着积极的信息披露作用。例如,"免费午餐""爱心衣橱""大爱清尘""待用快餐"等"微公益"项目不断壮大原因,就是新媒体对善款使用信息的及时公布,让所有参与用户都可以通过微博得知项目进展情况;在"郭美美"事件中,也是由于新媒体的舆论压力,中国红十字总会搭建了"捐赠信息发布平台",红十字基金会也对其官方网站进行

---

① 菜骐,陈月.基于社会网的知乎网意见领袖研究[J].湖南师范大学社会科学学报,2018(05):128-138.

大幅改版,加强了网络信息披露力度,中国基金会中心网的35家机构还发布了《公益基金"晒账单"倡议书》。此外,新媒体的快速发展也让政府部门不断加大信息公开制度的建设力度。民政部下发的《公益慈善捐助信息公开指引》就规定,慈善组织和政府部门在捐赠物资拨付后的一个月内,向社会公开拨付和使用情况。

鉴于社会监督力量中新闻媒体的力量不容小觑,特别是微博、微信以及各种论坛作为新兴的传播平台,多次在揭露、检举"微公益"失范问题中发挥重要作用。因此,以微博、微信为代表的新兴媒体是网络公益慈善社会监督中的重要组成部分。在Web 2.0时代,微博、博客、论坛、SNS、抖音等新媒体,能通过"人肉搜索"、网络爆料、网络围观等方式对个人、慈善组织、政府的慈善行为进行监督、审查和纠偏[1]。多样化的新媒体平台将话语权交给个人,交互式媒体发展为公民参与社会事务提供了更为便捷的平台。基于新媒体及时性和交互性技术功能支持,信息的传播效率得到极大提高,因此也调动了公民参与监督的积极性。对于普通公众而言,新媒体平台让他们可以直接关注被监督对象的信息并提出疑问,增强了对公益项目的了解。对于具有特殊话语权的网络意见领袖,新媒体不仅为他们提供了发表见解的平台,还使得其在网络空间找到意见一致的对象,"志同道合"的网友之间基于一致意见形成了探索事件真相的动力,由此行动倡导也更容易获得社会关注和响应。基于上述新媒体在网络公益监督中的作用,在构建政府监管、公民监督、社会媒体监督的跨界规制机制中,应继续发挥新媒体在公益慈善组织、项目信息披露中的作用,提高公益慈善监督效率,同时也发挥其对政府公益慈善事业决策科学化、民主化的影响。

(四)鼓励第三方社会机构独立测评

第三方社会力量介入民间"微公益"监管,需基于客观公正的评价依据,为社会公众、新闻媒体提供可供参考的依据[2],也能避免政府在权威信息发布上出现偏颇。借鉴发达国家的先行经验,引入第三方评估机构对"微公益"项目进行评价,包括对其募集资金的使用、流向等情况进行监督,能弥补政府

---

① 陈为雷,毕宪顺.Web2.0时代新媒体慈善监督刍议[J].理论学刊,2015(06):85-91.
② 施昌奎.北京慈善事业管理运营模式[M].北京:中国经济出版社,2008:190.

对公益组织、项目监管的不足,为政府监管提供客观、专业的建议。例如,美国全国慈善信息局(NCIB National Charities Information Bureau)、美国基金会理事会(Foundation Council of American)等组织机构,作为民间非营利性组织,却承担着对慈善机构及其活动的评估和监管责任。这些第三方评估机构依据公益组织目标、开展项目、活动信息、资金使用、机构工作报告、工作人员职责等事先建立的判断标准进行评估,每两年到四年向社会公布一次测评结果。该类型的机构提供的测评结果不仅对公益慈善机构的工作绩效作出公正的评价,还能为社会公众选择合适的公益机构进行捐赠提供可靠的信息。因此,引入具有专业服务资质的第三方机构对"微公益"组织、项目进行监督,再结合法律制度规范和社会要求建立一套合理的评估体系,在政府支持和公益组织配合下,定期或不定期地对公益组织、项目进行评估,对募集善款使用情况进行追踪和评价,实现对慈善资源从募集到使用的全过程测评,并定期将结果向社会公布,向政府部门汇报违法违规公益组织和项目,为政府提供科学、专业的政策建议。第三方社会评估机构弥补了社会监督科学性、客观性不足的缺陷,将社会监督拓展到了"微公益"行为的全过程,而不只停留在"微公益"失范问题发生后的追责层面;同时,也实现了将社会专业人士引入到公益慈善领域,有利于科学开展监督活动;此外,第三方评估机构作为非官办机构,也能很大程度上减少政府对微小公益项目的评估成本,并使得监督更加客观公正。

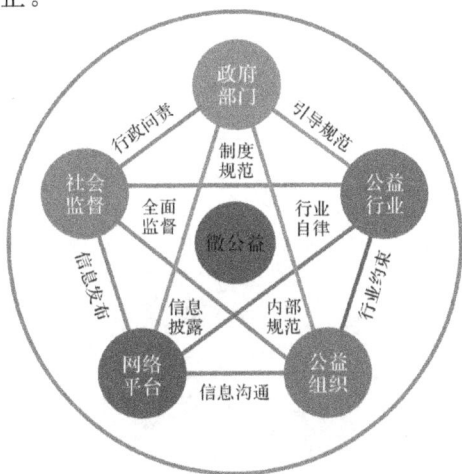

图 6-1　民间"微公益"行为失范的跨界合作规制体系

　　综上所述,民间"微公益"行为失范的有效规制,有赖于立法、执法、司法、行业、企业和社会各方力量的跨界合作治理。今后推动"微公益"持续、健康发展必须构建政府、行业、平台、公益组织和社会各方力量参与的跨界合作规制体系(见图 6-1)。

第七章

引导、帮扶民间"微公益"健康发展的策略

随着全球互联网信息技术的革新与普及,"微公益"活动已在世界各国公益慈善事业发展中扮演愈加重要的角色。[①]"微公益"的发展对推动慈善事业常态化和大众化发展有着至关重要的作用。"微公益"的可持续发展要求各个要件以及要件之间都是良性的发展模式[②],外部他律机制缺失、内部自主治理陷入"集体行动的困境"以及自治机制与他律机制无法有效衔接、协同,都会导致"微公益"失范。[③]破解"微公益"失范问题,不仅要从法律、政策层面对其进行严格监管、控制,更应在遵循其内在成长规律的前提下,通过引导、扶持其所代表的民间社会力量的成长壮大,建立、健全"微公益"行动的行业自律机制,持续优化公众、媒体和"看门狗"组织的社会监督机制,不断提高网络媒介平台的管理、服务能力,培育、形塑"人人公益"的慈善文化氛围,最终推动"微公益"更规范地运作、更健康地成长。

一、加强网络公益慈善发展政策扶持

(一)降低网络慈善准入门槛

互联网公益慈善组织的准入门槛需要"宽严相济"。当前我国网络公益慈善尚处于起步阶段,因而应适当降低慈善组织参与网络公益慈善活动的准

---

① 杨逢银,张钊,杨颜澧."微公益"失范的发生机理与跨界规制[J].中国行政管理,2020(2):60.
② 汪丹.我国网络慈善事业的可持续发展研究[J].社会工作,2014(6):91.
③ 杨逢银,张钊,杨颜澧."微公益"失范的发生机理与跨界规制[J].中国行政管理,2020(2):64.

入门槛,以激发慈善行业活力,同时要进一步完善"网络求助""网络募捐""网络公益众筹""网络公益"四种主要网络慈善形式的相关法律,确保能够依法加强对"微公益"行为的监管,推动其有序、健康发展。

1. 降低网络慈善组织注册门槛。

对公益慈善机构的注册、管理、项目开展提出明确的要求,利于保证其在制度框架内开展活动,但是我国慈善组织注册门槛过高。目前,《国务院机构改革和职能转变方案》中规定,公益慈善类社会组织,实行民政部门直接登记注册,不再是由业务主管单位审查同意。然而,由于网络慈善组织类型繁杂,成员来自全国各地乃至境外,因而依据现行的《社会团体登记管理条例》的注册登记条件进行注册登记存在困难。例如,"青海格桑花教育救助会"是中国民间网络慈善组织的成功典范,但它是由非青海籍的网友发起和管理的,成员遍布全国各地,这与注册要求"会员必须以青海省本地人为主,活动范围在本省境内"产生矛盾,若想要成功注册,只能变通甚至是会员造假。另外,《基金会管理条例》规定,设立"全国性公募基金会的原始基金不得少于 800 万元,地方性公募基金会的原始基金不得少于 400 万元,非公募基金会的原始基金不低于 200 万元;原始基金必须为到账货币资金"。可见,规定要求的注册资金门槛较高。为此,可通过修改取消"必要场所"或"固定场所"、减少注册资金等条例内容,以降低慈善组织准入门槛。

2. 降低网络慈善募捐行为门槛。

从募捐环节来说,《慈善组织公开募捐管理办法》和《公开募捐平台服务管理办法》两部法规对"微公益"的健康发展有重要的指引作用。法律从制定到实施有一个转化的过程,对于《慈善法》中部分原则性的规定,比如对网络募捐发起资格及其管理,要探索建立网络募捐主体资格的实施规范标准,网络募捐需要由具有募捐资格的募捐主体发起。在发起网络募捐前,募捐主体应向各县市(区)的民政部门登记备案,包括网络募捐具体活动时限和所需募集资金的额度,登记后发放网络募捐的许可证,以便于对网络募捐的源头进行监管。在登记备案过程中,政府应明确统一的准入标准,只要符合相关要求,就应予以登记。同时,明确该许可证属于临时许可证,当一项网络募捐活动结束或者没有必要继续进行募捐时,募捐主体应向登记备案机关申报募捐活动结束,登记备案机关应当及时在网上公布撤销该网络募捐主体资格的公告,避免网络募捐多头捐赠或者重复捐赠。[①] 创新制定的规范标准中还要阐明具体实施方法与步骤,使相关法律具有可操作性,从而真正发挥制度规范的作用。另外,要考虑募捐环节管控的尺度要适当放宽,为公益慈善事业创新发展提供了相对自主的空间。[②]

3.制定、完善网络慈善法规体系。

互联网公益慈善事业的健康发展,需要有良好的法律支持与保障。从参与主体角度分析,《社会团体登记管理条例》和《社会组织评估管理办法》分别对相关参与主体作了严格的限制与要求。从参与行为来看,国家根据网络慈善具有的"互联网+"特点,相继出台了一系列网络慈善相关法律,以推进网络慈善在法治框架下健康发展。例如,江苏省、广东省,相继发布了本省的募捐条例,为辖区范围内的网络慈善募捐活动提供法律指引。"网络求助"和"网络众筹"也是"微公益"的重要活动形式,但现有法律都未作出详尽的规定。因此,急需制定、完善有关法规。一方面,个人求助和"网络公益众筹"都是通过互联网公益平台发起的,与寻求公益组织等帮助的传统公益慈善相比,使用程序简单,准入门槛低,缺少主体资格限制,求助募捐发起较为随意。例如,任何人只要需要都可以发起网络求助,不存在门槛,有限的法律条款难以约束虚假的网络求助活动,因而不法分子也时常利用网络求助进行诈骗或炒作。另一方面,现实中很多网络慈善组织和个人所发起的网络求助得到了公众的支持,却未得到法律的认可,游离于监管之外。[③]

2016年11月初,"快手黑叔"在网络直播渠道"快手"上,发布了一段向十余名衣着简陋的农民发放现金的视频,经查录完视频后其又将钱回收。随后,视频当事人"快手杰哥"供认,自己的行为主要为了"涨粉"。在2016年末发生的"罗一笑"事件中,一篇名为《罗一笑,你给我站住》的文章在网络上快速传播,文中患有白血病的小女孩笑笑及其家庭引发了网友的广泛关注与同情,热心群众自发在网络上进行打赏,金额高达数百万元。然而,出乎意料的是,有网友爆料称,此事是营销炒作,文章作者是罗一笑父亲罗尔,他是深圳媒体人,且家庭经济条件良好。在被网民痛斥后,罗尔也承认自己"被钱砸晕

---

① 汪丹.我国网络慈善事业的可持续发展研究[J].社会工作,2014(06):91-98.
② 《慈善组织公开募捐管理办法》。
③ 汪丹.我国网络慈善事业的可持续发展研究[J].社会工作,2014(06):91-98.

了头",并最终退回所有打赏的善款。① 因此,首先要认可网络求助、网络众筹等新型公益形态的法律地位,加快相关慈善立法,以弥补法律的缺失,使得个人网络求助等有法可依。其次,加强依法监管,将个人网络求助纳入慈善捐助的范围内,明确个人互联网求助中参与者的权利和义务,为个人网络求助提供法律支持,实现对个人网络捐助的有效管控。② 最后,为网络公益组织等民间草根组织的发展营造宽松的氛围,使其获得合法的主体资格,对暂时还不成熟的网络慈善组织,引导他们挂靠正规的慈善组织,避免出现"非法行为"。③

(二)全面落实税收减免政策

我国《企业所得税法》《个人所得税法》都明规定,企业或个人参与公益慈善事业捐赠,可减免一定比例的税收。为此,全面落实税收减免政策,激励更多的个人或企业参与微公益捐助。税收减免政策是政府通过税收资源调整,将部分税源转化为慈善资源,以支持公益慈善事业发展。但在"企业倡导型"网络慈善模式中,由经济作为主导动机的企业慈善多表现为商业营销,应改进其运行机制,引导企业网络慈善行为由"营销"转向"公益",实现经济效益与社会效益的平衡。若是"企业倡导型"网络慈善行为因经济动机过于强烈,导致在运作过程中企业会根据慈善评估结果选择继续或放弃慈善行为。针对这种更偏重经济效益而忽视社会效益的网络慈善行为,应建立一套完善的激励机制。这套激励措施既包括对"企业倡导型"网络慈善的合法性要求,又包括对企业网络慈善的税收优惠和声誉激励等在内的具体规定,以促使企业更多地以道德作为慈善活动的目的,把网络慈善行为转变为自愿、无偿的社会化行为。④

欧美发达国家都制定了较为完善的慈善捐赠税收减免政策。比如在美国,慈善捐赠税收减免是以税法为基准的,主要法律依据是《联邦所得税法》,税务部门通过税收方式进行利益调节,出现违法时采取撤销免税资格作为行政处罚。具言之,美国采用的网络慈善组织行政规制方式是"鼓励与处罚并

---

① 王剑青.《慈善法》出台后网络募捐中仍存问题及对策研究[J].法制与社会,2018(33):145-146.
② 刘文廷.从"罗一笑"事件看我国个人网络募捐立法问题[J].攀枝花学院学报,2017,34(S1):4-6.
③ 汪丹.我国网络慈善事业的可持续发展研究[J].社会工作,2014(06):91-98.
④ 汪国华,张晓光.中国网络慈善运作模式比较研究[J].社会科学研究,2014(03):104-110.

存"的激励政策,"鼓励"指为了支持网络慈善组织发展,采用税收优惠政策等方式进行鼓励与扶持;"处罚"指为了惩罚网络慈善组织的违法行为,税务局剥夺其免税资格与税收优惠政策。这种诱导与威胁并存的税收方式,能有效激励网络慈善组织的健康发展。[①]

我国尚未制定慈善捐赠税收减免的专门法律,相关规定散见于《公益事业捐赠法》《企业所得税法》和《个人所得税法》等法规中。例如,《国务院关于促进慈善事业健康发展的指导意见》中规定,"落实企业和个人公益性捐赠所得税税前扣除政策,企业发生的公益性捐赠支出,在年度利润总额12%以内的部分,准予在计算应纳税所得额时扣除;个人公益性捐赠额未超过纳税义务人申报的应纳税所得额30%的部分,可以从其应纳税所得额中扣除。"其他有关法律规定与此基本一致。由此可见,中国的慈善捐赠税收优惠享受税前扣除的主体范围过窄,资格仅限于企业或个人;捐赠主体税前扣除比例偏低,且不允许跨年度结转;慈善捐赠税收优惠宣传不到位,且由于申请税收优惠程序复杂,很多企业或个人选择放弃享受税收优惠。[②] 税收减免政策对于参与网络公益活动、捐赠财物的社会组织、企业、个人等也应发挥相同的作用,让参与"微公益"活动的公益组织、个人、企业等都可以享有同等的权益,都可以依据捐赠记录减免相应的税款或个人收入所得税。全面落实税收减免政策,能激励社会组织、企业或个人参与"微公益"行动的热情,从而推进"微公益"行动的持续发展。

(三)提供公共服务购买项目清单

经过多年实践探索,我国在公共服务领域逐渐形成了多元主体合作供给模式。传统的政府垄断性供给向"BOT"等项目外包转变。政府项目外包遵循效率和公平原则,通过招标、定向委托或公益创投的方式选择合作伙伴。政府的政策支持是推动公益事业发展的首要因素。[③] 因此,政府提供的资金支持必须合理使用,否则会引起不良后果。例如,2013年,江西省政府用600万元资金购买社会组织的公益服务,但公益创投中出现资源配置问题,导致

---

① 《联邦所得税法》。

② 张强,韩莹莹.中国慈善捐赠的现状与发展路径——基于中国慈善捐助报告的分析[J].中国行政管理,2015(05):82-86.

③ 李璐.民办公益组织项目运作研究[D].南昌:江西财经大学,2017.

一些公益项目质量难以得保证,项目公信力受到了极大影响。《中共中央国务院关于分类推进事业单位改革的指导意见》提出,要加快完善财政体制,推进我国公共服务均等化目标的实现,构建利于公益行业发展的机制,为公益事业发展提供优先保障。因此,地方政府要加大公共财政支持,汇总各部门的项目外包需求,扩大政府购买规模,为公益行业提供更多的发展机会和资源,以满足大众多样化的公共服务需求。此外,政府可根据项目情况,为需要长期资金支持的项目提供备用金,以便推动此类公益项目的深入发展,实现政府购买项目的不断增值。[①] 同时,"微公益"项目的发展离不开资金的支持。当前,许多"微公益"项目因缺乏运作资金而流产。政府通过公共服务购买的方式,间接地向"微公益"的组织提供一定的资金,来促使"微公益"项目持续、稳定地运行,帮扶"微公益"等网络公益事业发展,能更好地鼓励、引导"微公益"行动的组织化转型。

(四)扶持、搭建公益信息平台

慈善信息发布平台和公开募捐服务平台是互联网公益慈善发展的重要技术支撑。互联网时代给公益事业发展带来了资源募集的重要技术支持,公益机构甚至个人都可以更方便、高效地利用网络发布公益信息,来筹集资金、征集志愿者等,互联网成为资源整合的重要技术手段。但在这种形势下,缺少一个统一的、全国性的公益资讯整合平台,加之公益机构和个人加入网络公益慈善事业门槛较低,而捐赠方缺乏审核公益机构信息真实性的能力,会引起众多中小型"微公益"机构在同一领域开展募捐活动,并为了募得善款而形成同质化竞争,从而导致公益资源无法进行有效整合而出现资源浪费现象。2016 年 8 月 31 日,民政部公布了首批慈善机构互联网募捐信息平台,共有 13 家网络信息平台入选。但是,这些信息平台之间缺乏一个互联互通的信息传输通道,由此将可能导致募捐、求助信息的重复发布,造成救助资源的浪费。因此,要加强对互联网媒体的管理,借以整合互联网公益信息传播渠道,探索互联网公益传播中政府与媒体之间的有效协作。当前,以网络媒体为主要渠道的公益信息传播,存在"碎片化"、信息爆炸与信息真实性难以辨别等问题,容易导致公益资源流向非公益领域,造成资源流失。因此,有必

---

① 李璐.民办公益组织项目运作研究[D].南昌:江西财经大学,2017.

要加强网络媒体管理,通过民政部指定慈善信息发布平台发布公益慈善需求和供给信息,并在此基础上,建设全国统一的网络募捐信息平台,实现公益慈善信息一网发布,资源—网汇聚、捐助—网匹配、流程—网统管。

　　打造统一的网络公益平台,能实现参与者线上与线下的联动与融合。"互联网+"时代,已有社会组织开始着手推动网络公益组织创新。例如,由南都公益基金会和中山大学中国公益慈善研究院合作,联合成立了中国民间公益组织基础数据库,但其主要还是为了收集一些客观数据与资料,并不是以互联网来作为保障公益组织规范发展的平台。因此,要充分利用互联网的交互性、共享性、超时空性的特征,打造一个统一的网络公益平台,全面整合网络公益组织信息,建立爱心公益数据库;要进一步健全数据库的管理系统,根据数据库提供的公益活动内容、活动范围,结合已知网络参与者的情况进行合理搭配,促进公益信息、资金、人才等各种资源优化配置,让每一个参与者都是监督主体,不仅使线上活动能够高效运行,还能够大大增强线下公益行动的实现;①此外,慈善组织通过互联网开展公开募捐,应当在国务院民政部门统一指定的慈善信息平台发布募捐信息,或是在其他官方批准成立的信息管理平台发布募捐信息。比如,佛山市公益慈善联合会联合市民政局等相关部门,利用信息化技术,筹建市级慈善信息管理平台,并借助该平台,实现善款筹募、慈善宣传、多元监督、信息公开等多项功能。佛山市公益慈善联合会相关负责人表示,通过该市级平台有望实现广聚社会资源,从而更好联动慈善组织、捐赠方、受益方、公众、政府等慈善参与主体,加强慈善组织监管,规范慈善组织公开募捐行为,增加慈善透明度,提升佛山市慈善行业管理数据化水平。②

二、激发网络慈善行业自治活力

(一)引导"微公益"平台加强能力建设

1. 提升专业化服务水平

专业化服务有赖于专业化服务意识与能力的保障和支持。一方面,培养

---

① 杨艳芳."互联网+"背景下的公益事业发展研究[D].南京:南京大学,2017.
② 杜晓溪,吴新叶.网络公益组织的发展困境与克服[J].成都行政学院学报,2017(03):79-82.

专业化服务意识。网络慈善的发展需要良好的专业服务意识、专业化的运营和管理方法。如果在善款使用、财务透明和信息披露等方面暴露问题,会对慈善组织的公信力造成极大影响。尤其是网络慈善组织,其中大多通过网友远程工作来实现日常运营和管理,甚至网友间只知道网络昵称而不知真名。因此,一旦暴露出运行问题,松散的网络慈善组织由于缺少应对新媒体公关的能力,难以应对来自各方的质疑和问责,甚至可能会导致该网络慈善组织的终止、解散。① 网络慈善组织需要提升自身的专业服务意识,在善款使用和管理的财务透明和信息披露等方面,需要有类似传统慈善组织的制度规范。

另一方面,提高专业服务能力,尤其是要加强网络慈善组织的人才培养和技术支持。目前网络慈善组织人员待遇偏低、专业性不强、流动性大等问题突出。绝大部分网络慈善组织几乎没有具有社会学、社会工作、社会保障等专业背景的成员,也缺乏具有计算机专业背景、可进行网络平台运营和维护的人才。同时,网络慈善募捐的发起人通常也是组织负责人,但是这些负责人并不一定适合担任组织管理者的角色,在缺少专业培训的情况下,无法做好网络慈善组织的规划和日常管理工作,不利于网络慈善组织的自身发展。② 因此,"微公益"平台建设一方面需要引入专业人才,另一方面需要加强现有人员专业知识、新媒体技术等相关培训。

2.加强公益平台品牌建设

CIS 建设已经不仅仅针对企业,所有需要品牌传播的组织和个人,都需要对 CIS 进行创建和优化。CIS 不管是图形还是文字,都要精确的提炼出该组织或个人希望向公众传播的重要信息,并且在设计的时候也要考虑公众接收信息后,能够迅速准确的分解出其所表达的内涵,也就是说 CIS 要做到准确、精炼和可识别性。③ 网络募捐品牌建设能提升募捐平台的知名度,培育良好的网络慈善品牌,平台运行的各主体应积极扩大线上与线下相结合的宣传工作。在线下宣传方面,慈善组织可打造年度公益事件,通过平民慈善明星评选、慈善晚会等活动,加大宣传力度;借助下企业、进居民社区等具体宣

---

① 汪丹.我国网络慈善事业的可持续发展研究[J].社会工作,2014(06):91-98.
② 邱臻炜.提升慈善透明度! 佛山将筹建市级慈善信息平台[N].佛山日报,2019-03-16.
③ 汪丹.我国网络慈善事业的可持续发展研究[J].社会工作,2014(06):91-98.

传活动,塑造良好的社会口碑。在线上宣传方面,可以根据平台性质,通过网络善客和善客同盟进行品牌宣传;同时,可以借鉴电子商务网站宣传的成功经验,适时发布募捐平台的公益广告,使该网络慈善品牌被更多的网民知晓。[1] 比如,新浪"微公益"作为新浪集团的公益部门,负责运营微公益产品,为慈善组织提供互联网慈善募捐信息服务,为慈善组织微博提供运营支持,帮助慈善组织提升微博新媒体传播效果;联动慈善组织参与微博热点公益事件,借助微博热点公益事件影响力,扩大公益舆论影响,增加公益机构或公益项目的知名度和影响力;结合微博名人、明星、大 V 的资源优势,建立微博名人、明星公益合作机制,推动高影响力用户参与公益行动,扩大了公益慈善事业的覆盖面和参与面。例如,2018 年,为响应"中华慈善日"号召,"微公益"联合 23 家慈善组织发起"为爱一起捐"活动,涉及环保、女性、儿童、扶贫等多个公益领域,活动话题的阅读量超 4 亿,8.2 万人次加入捐款行列,超过 30 万名爱心网友通过微博平台参与公益互动。[2]

3.提高公益平台运行透明度

公开透明是慈善公益的生命线和公信力的源泉。然而,当前"微公益"捐赠透明度较低。互联网给募捐提供了快捷的通道和庞大的参与群体,但最大的优势往往也会成为最大的弊端。如果大量的善款遭遇使用不当乃至诈捐,将对网络捐赠的社会公信力造成致命打击。这要求公益慈善组织以及公益平台进一步增强慈善的透明意识,鼓励公益平台在项目捐赠中嵌入"冷静器"提示功能。所谓的"冷静器"就是捐赠人在拟捐赠前,要全面了解所捐赠项目相关信息提示,包括立项时间、执行效果、财务披露、项目进展,确认知悉这些信息,才能继续捐助。这在一定程度上满足了捐赠者的知情权与监督权,而且让捐赠人成为信息透明的披露对象,有助于提升信息公开的精准性,强化捐赠者对公益透明的直接感受,最终增强对公益组织和慈善机制的信任感。此外,平台设置的"冷静器",也要求公益项目平台实现募捐透明,促使公益组织完善信息公开制度。[3]

---

① 孙劲贞."冷静器"提升公益透明度[N].法制日报,2018-05-15(03).

② 新浪微公益 2018 年度运营报告[R].新浪公益,(2019-04-11)[2020-07-17]. https://gongyi. sina. com. cn/gyzx/qt/2019-04-11/doc-ihvhiqax1681146. shtml.

③ 杜韫娇."微公益"时代下公益基金会的品牌传播[J].中国传媒科技,2011(12):94-95.

(二)发挥枢纽型公益组织行业引领作用

枢纽型社会组织是即"把同类别、同性质、同领域的社会组织联合起来,在政府管理部门和社会组织之间,通过类似社会组织联合体这样的载体,来服务和管理一个地域、一个系统、一个领域的社会组织"①。枢纽型社会组织主要功能包含政治引领、社会服务资源整合、基层治理等。② 枢纽型公益组织的功能定位要像共青团、妇联等人民团体一样,起到行业统领的作用,要能汇集公众的各种需求、对接资源,能够对其他公益组织提供智力、能力、孵化等支持。发挥枢纽型公益组织引领行业发展作用,就是要培育民间公益组织,协助民间公益组织提升能力建设。当前民间公益组织大多处于初创阶段,其在专业化、规范化管理方面仍存在许多问题。枢纽型公益组织具有其他单个公益组织所不具备的人、财、物、信息等资源优势,能通过各种培训与研修项目、发起公益论坛、公益创投项目等,为民间公益组织提供发展动能。同时,枢纽型公益组织可以联合各类公益组织,共同建立交流平台和信息公开平台,在民间公益组织之间建立持久性的合作关系,加强民间公益组织与政府、媒体、企业等其他主体之间的跨界交流。③

(三)引入独立的第三方评估机制

引进第三方评估机制,是推动"微公益"健康发展的重要举措。我国应学习发达国家建立独立的第三方评估机构,对网络公益进行评估、监督。现代慈善组织的评估活动始于 20 世纪 60 年代,旨在发现、化解慈善事业发展所面临的问题。英国慈善评估主要以慈善委员会为主、第三方评估机构为辅进行。其中慈善委员会负责网络慈善组织的注册、资产、风险等评估,以赋予慈善组织开展慈善活动的资格,若是发现违法行为,则取消其资格。第三方评估机构主要参与网络慈善组织日常运营、等级划分等评估活动。在 20 世纪

---

① 陈佳俊,杨逢银.社会转型背景下枢纽型社会组织功能定位研究——以上海市静安区社会组织联合会为例[J].中共杭州市委党校学报,2014(1):42.

② 中共北京市委办公厅北京市人民政府办公厅.关于加快推进社会组织改革与发展的意见[Z]. 2008-11-24.

③ 高一村."枢纽·影响力"论坛哪些事,有没有枢纽型公益组织不一样?[J].中国社会组织,2014 (23):22-23.

90 年代,美国公益发展的客观需求推动了第三方评估机构的产生,其通过构建各种标准对公益行业进行评估。美国的第三方机构评估模式有多种类型。例如,公众评论参与模式。在这一模式中,第三方机构设立专门的门户网站供参与慈善的公众进行评价,公众可以陈述参与慈善活动的感受或者提出需要改进的建议,最后通过网民打分给出综合的评估结果。再如权威评估模式,它通过权威的第三方评估机构综合评估得出结果。美国有许多慈善评估机构,对网络慈善组织进行评估,还采用评级方式来展示结果,级别采用星或字母表示。例如,"指南星公司""慈善导航"都是专门针对已经取得免税资格的慈善组织进行评估和信息发布的机构。它们会通过信息服务和第三方评估定期对教育、环境、健康等各类慈善组织进行评估,公开财务信息、公众评价和首席执行官报酬等各个单项排名前十榜单,评估等级也由高到低排序,还会发布筹款回扣率、财务危机等负面清单排行榜,社会大众可以根据第三方机构的评估数据判断慈善组织的专业化程度和公信度。[①]

我国当前立法主要集中在网络慈善信息体系和捐赠体系这两项,而管控体系和评估体系的规定针对性不强,且可行性不高。[②] 我国网络慈善评估体系相关立法十分匮乏,仅上文提到的《慈善法》第九十五条有一般规定,以及《慈善组织互联网公开募捐信息平台基本管理办法》中提出,平台在开展自我评价的基础上履行工作报告制度。由于当前我国缺少慈善事业的评估机制,多数网络公益慈善组织没有建立规范公开的财务管理制度,网络募捐财物的使用情况及对受助方困难的解决程度不能动态呈现,存在慈善资源分配不均衡问题,导致有的受助者得到的捐助过多、超出所需,而有的人却得不到足够的救助。[③] 这表明,在捐助者和受助者之间缺少一种慈善捐助的动态评估机制和再分配机制。为了弥补政府监管的缺陷,应借鉴美国等发达国家对非营利组织的监督管理办法,设立专门的第三方监督评估机构,定期或不定期对网络慈善组织进行评估,推动公益慈善项目运作优胜劣汰,促进网络募捐组织健康发展。[④] 由于第三方评估机构是独立个体,其定期或不定期的评估可

---

① 闫梦."互联网+慈善"的伦理审视[D].石家庄:河北经贸大学,2019.
② 李芳.枢纽型社会组织与民间公益组织的培育[J].东方论坛,2014(4):77-78.
③ 张书明.关于网络募捐的监管问题[J].山东师范大学学报(人文社会科学版),2007(04):139-142.
④ 曹京涛,蒯嘉诚.立法论视角下中国网络慈善的法律规制[J].法制博览,2019(13):66-67.

以弥补网络公益组织本身的不足,并对它们形成第三方制约,更有利于提高监管效率。① 目前,各国主要有三种监督评估机构设置模式,包括监督评估机构与行政部门合二为一、在行政部门内部设置一个具有一定独立性的监督评估机构、完全独立于行政部门之外设立监督评估机构。从我国国情出发,建议设立一个独立的慈善监督评估机构,该机构有权制定相关规则,统一管理慈善工作并接受行政部门的行政监督。在机构权力配置上,突出中央对地方、上级对下级的垂直管理,防止出现地方保护主义和人治现象,从而更好地保证该机构的独立性。②

(1)建立一批由相关专业人士组成的独立的第三方评估机构,即"看门狗"慈善组织或枢纽型社会组织,针对网络公益组织及其活动进行评估。该第三方评估机构不仅能够对"微公益"行业发展能提出专业性的看法、提供专业性的建议,也能够吸纳社会各界专家对此建言献策。同时,第三方评估机构也要参与行业标准制定。

(2)根据互联网慈善发展的特点和趋势,明确监督评估机构的监管职责,尤其加强其对慈善组织财物使用、财务会计、信息公开、活动开展情况的独立监督、评估与报告发布。③ 在行业监督方面,比如"格桑花"公信力危机爆发后,由第三方评估机构跟进评估。评估结果认为,"格桑花"身份合法,财务管理能力优秀,信息披露属实,组织运行状况合格,且由于该评估机构与"格桑花"不存在利益关系,评估结果赢得了公众的信任。④ 在项目管理方面,比如在"网友自发型"网络慈善运作机制中,个体热心网友通过网络发起求助信息后,众多潜在的募捐主体出于同情与信任进行捐赠。但在"网友自发型"网络慈善中,大多以个人管理善款的方式对善款进行分配,通过慈善机构管理善款的管理分配方式比较罕见。所以,通过第三方机构进行善款管理和分配,慈善机构能借助组织资源设立专门账户,整合网友自发捐赠的捐款,以便专款专用。捐款金额一旦达到求助所需数额,立即发布停止捐款信息。⑤

① 张书明.关于网络募捐的监管问题[J].山东师范大学学报(人文社会科学版),2007(04):139-142.
② 柳翠.互联网慈善立法研究[D].成都:西南交通大学,2018.
③ 柳翠.互联网慈善立法研究[D].成都:西南交通大学,2018.
④ 刘文廷.从"罗一笑"事件看我国个人网络募捐立法问题[J].攀枝花学院学报,2017,34(S1):4-6.
⑤ 覃丽芳.重塑网络慈善组织公信力与第三方评估机制研究——以在危机中盛开的"格桑花"为例[J].现代商贸工业,2016,37(24):147-149.

(3)定期或不定期对慈善组织的互联网慈善行为及其公开募捐平台进行评估,淘汰不良的慈善组织和公开募捐平台,公布优秀的慈善组织和公开募捐平台,促进慈善组织与慈善信息平台不断自我优化,实现规范、健康发展。

(四)加强网络公益志愿者队伍建设

宽泛的社会公益事业包含志愿者服务。《志愿服务条例》第二十三条提出,"国家鼓励和支持国家机关、企业事业单位、人民团体、社会组织等成立志愿服务队伍开展专业志愿服务活动,鼓励和支持具备专业知识、技能的志愿者提供专业志愿服务。"和众泽益志愿服务中心主任王忠平认为,志愿服务可以分为三类,即"基础志愿服务"、"技能志愿服务"和"专业志愿服务"。"基础志愿服务"是指提供聊天、陪伴等一些基础性服务;"技能志愿服务"是指用技能提供服务,比如IT、法务、财务等;"专业志愿服务"是指针对一些社会问题提出解决方案,专业志愿服务发展会更加全面、系统。① 据此,在"微公益"活动中,需要搭建完善的志愿服务体系,一要扩大"基础性志愿服务"提供者队伍,确保从数量上全面满足各方社会群体需求,比如老年人需要的陪伴、聊天、送餐等服务需求;二要吸引有一定专业技能的人才,特别是懂一定通信技术、法律知识和财务管理等方面知识技能的人才,借以帮助居民消除"数字鸿沟",提供法律援助和防范金融诈骗等;三要加强对志愿服务人员专业能力的培训工作,特别要以社区居民全生命周期的服务需求为重点,邀请有爱心的专业人士或机构进行培训,让志愿者将知识理论与实践操作结合起来,提升志愿服务的专业化水平和效能;四要在全面整合志愿者队伍资源的基础上,建立网络志愿者服务体系,激励形成"微公益"的经验分享机制、集中培训机制、考核奖惩机制等,增加"微公益"项目的灵活性,并推动其有序进行。②

三、做好大规模"微公益"项目的政策对接

(一)评估大规模"微公益"项目

政府需要对大规模"微公益"项目进行评估,检视"微公益"项目是否契合

---

① 汪国华,张晓光.中国网络慈善运作模式比较研究[J].社会科学研究,2014(03):104-110.
② 杨钊."微公益"的缘起、问题及发展建议研究[J].发展研究,2013(11):113-115.

政府工作目标。例如,"免费午餐"项目的公益目标是理性地面对社会问题,通过若干年的努力,使中国儿童免于饥饿、健康成长。一方面,这个项目选择了公众普遍关注的儿童这一困难群体,并借助互联网技术,形成一套透明公开的公益项目管理体制,对于消除我国的贫困问题有着极大的促进作用。另一方面,我国政府时下的工作目标是全面建设小康社会,尽快打赢脱贫攻坚战。早在2011年,时任国务院总理的温家宝就宣布,国家要开展营养改善计划,投入160亿元用于集中连片贫困地区的"免费午餐"补助。之后,国家领导人也非常关注扶贫工作,习近平主席在2014年的中央经济工作会议上强调,"要让中国的贫困孩子接受公平、有质量的教育"。这表明我国政府对于消除贫困、关爱贫困学童的决心。由此可见,"免费午餐"项目的目标与政府当前的工作目标相契合,急国家之所急,能得到政府的回应和大力支持。此后不久,免费午餐项目组与17个国家贫困县建立战略合作。

不同于国外一些激进或者对抗式公益慈善政策倡导,我国民间公益慈善组织在产生之初就表现出亲政府性的一面。个别良好运作的民间公益慈善项目通过自身的公益行动实践,能为国家政策的制定提供一个参考或者样板,进而推动国家的公共政策出台。国家政策项目与民间公益项目目标、覆盖人群、资金来源、执行方式等方面都不尽相同,但国家政策项目与民间公益项目具有相同或者相似的目标,是不同主体之间合作的前提条件之一。通过国家政策目标与民间公益项目目标的对比可以发现,两者的基本目标是相似的,但是若从需求层次来讲,民间项目通常多于国家政策项目。民间项目瞄准的人群范围小于国家政策目标,而国家目标的达成与民间项目目标达成密切相关。虽然无法断定国家政策项目和民间公益项目谁更贴近社会需求,谁的标准更加合理,但两者都具有存在的价值,并有很强的互补关系。

(二)筛选确立公共政策议题

民间慈善公益组织与地方政府合作的民生福祉供给模式可以视作是公共政策创新的地方"试验田"。从国家出台的"营养改善计划"来看,其在内容、执行方式、标准方面都对地方民生福祉供给模式创新有所借鉴。但另一方面,互联网公益慈善组织有通过成功的试验来影响公共政策的潜力。从目前我国政策的实施状况来看,民间慈善组织与地方政府在政策形成领域有很强的互动关系,民间慈善组织希望借助于地方政府的授权和资源创新服务模式,而地方政府因为有了更多决策信息,可以更快地回应地方的需求,两者合作能推进政府层面将有关事项纳政策议题,尽快成为正式的公共政策。例如,"免费午餐"由民间公益行为上升为国家政策支持的"微公益"项目,可算作是民间微公益与政府良性互动的成功范例。

(三)制定、出台专项政策法规

政府应该制定、出台专项政策法规来保障"微公益"项目的健康发展。例如,在"免费午餐"公益项目中,中央政府制定的制《农村义务教育学生营养改善计划实施细则》等七个配套政策文件,对营养改善计划的实施作了统一部署。特别是《农村义务教育学生营养改善计划实施细则》对各级政府的具体责任作出了以下规定:省级政府负责统筹组织。统筹制订本地区实施工作方案和推进计划,统筹规划国家试点和地方试点;统筹制定相关管理制度和规范;统筹安排资金,改善就餐条件;统筹监督检查。督促有关食品安全监管部门,组织制订食品安全宣传教育方案,指导开展食品安全宣传教育;组织制订食品安全事故应急预案;统一发布食品安全信息。市级政府负责督促县级政府和有关部门严格履行职责,认真实施营养改善计划,加强工作指导和监督检查。[1] 由此可见,专项政策法规的制定和实施,能够更好地保障和推动"微公益"项目的顺利开展。

(四)做好法规落实保障工作

虽然民间"微公益"项目能上升为国家政策,但是因为政府与"微公益"组织未形成全方位良性互动的关系,因而会出现公益项目执行效率低下的问题。以"免费午餐"为例,当政府接手了"免费午餐"计划之后,投入大量的资金用于"免费午餐"的运行、食堂等配套设施的建设等,却出现了贫困学童食物中毒、部分官员贪污中饱私囊等糟糕情况,严惩损害了政府的公信力,与"免费午餐"原本的意图也是背道而驰。归其原因,"免费午餐"微公益组织不应该完全退出政府接手的"免费午餐"项目。政府在资金方面确实提供了更大的帮助,但是政府自身机构运作无法做到像"免费午餐"这个"微公益"组织一样的公开透明。在之后的"免费午餐"项目推进中,《农村义务教育学生营

---

① 张明敏.志愿服务的专业化发展路径探[N].公益时报,2017-09-27.

养改善计划实施细则》的配套文件《农村义务教育学生营养改善计划食品安全保障管理暂行办法》第七章第二十八条对食品安全问题的责任追究作了明确规定,"建立食品安全责任追究制度。对违反法律法规、玩忽职守、疏于管理,导致发生食品安全事故,或发生食品安全事故后迟报、漏报、瞒报造成严重不良后果的,追究相应责任人责任;构成犯罪的,追究其刑事责任。"[①]由此可见,政府做好法规落实的保障工作,落实部门责任,能为"微公益"活动的有序开展提供坚实后盾。

四、推动"微公益"行动的组织化转型

(一)大力发展"微公益"组织孵化器

随着互联网信息技术的广泛应用,网络慈善已经颇具规模,但是大量"微公益"组织规模小、社会资源匮乏,急需政府为其提供场地、项目、资金、税收减免等政策支持,帮扶草根微公益组织健康发展,进而推动"微公益"行动的组织化转型。按照我国《基金会管理条例》规定,全国性公募基金会的原始基金不得少于800万元,地方性公募基金会的原始基金不得少于不低于400万元,且原始基金必须为到账货币资金。对于草根公益慈善组织而言,要按规定实现注册登记几乎是不可能的,除非组织者个人能够通过非公募的形式筹集到原始资金。在这种情况下,选择与具有公募资格的基金会进行合作,对于缺乏原始注册资金的草根公益组织而言不啻是一种最优化的选择。草根公益组织可以通过成为公募基金会名下的基金或者分支机构的方式获得合法的公募资格。前者无需向民政部进行机构注册,后者则只需要以基金会分支机构的名义向民政部申请注册。例如,在"免费午餐"项目中,民间公益慈善组织参与合作,民间"微公益"行动与官办慈善公益组织的融合,让"微公益"从集体行动的低组织化阶段步入了高组织化阶段,同时获得了合法化的公募身份,并可以获取场地、项目、资金等资源和税收减免等政策支持去开展公益项目。[②] 在条件成熟的情况下,在鼓励有较大影响的民间"微公益"行动向组织化、常态化、专业化的社会公益组织转型,即鼓励、引导公益行动的发起者

---

① 《农村义务教育学生营养改善计划食品安全保障管理暂行办法》第二十八条。
② 许冰.民间慈善公益组织的社会行动对福利多元化格局的形塑[D].天津:南开大学,2013.

成立相应的专业性慈善社会组织,帮扶具有较大影响力的"微公益"项目实现持续、规范地组织化运作,进而使网络上一次性的公益救助项目转变为组织化、常态化、专业化的网络慈善事业。

(二)引导"微公益"组织完善内部治理架构

"微公益"若要想从倡导阶段步入持续的公益行动阶段,就必须要实现组织化的管理与运行。当前互联网公益慈善机构建设滞后,主要表现为组织治理结构不健全。从组织实际运作来看,"微公益"组织属于高度自治的民间非营利组织,其高度自治的特征体现在其组织目标、机构设置以及人员构成三个方面。在"免费午餐"项目中,草根公益组织虽然与民间慈善公益组织合作,但是自身的组织目标、机构设置以及人员构成等仍然保持不变。大部分草根慈善组织因规模较小,对机构设置、组织章程的制定、人员素质等并不重视,在公益活动开展过程中,往往表现出服务能力不专业而影响其活动开展,进而影响公众对"微公益"组织的看法,不利于网络慈善事业的长远发展。政府应尽快借助评估机制和扶持政策,引导其完善组织章程、规章制度、组织架构。根据相关法律、法规,制定公益慈善机构章程,章程内容必须对组织的治理结构、领导任免等人事管理制度以及组织的资金募集、使用、管理等财务管理制度做详尽规定,建立规范化、可操作的内部治理结构和运作流程标准体系,保证组织活动能够依规进行。

(三)帮扶提升"微公益"组织专业服务能力

无论是普通民众做"微公益"组织发起人还是社会精英做发起人,"微公益"在走向集体行动或者组织化发展阶段时,都会面临专业服务能力不足的挑战。由于培养慈善人才的高等院校缺乏、慈善组织人员收入水平较低等原因,慈善行业不仅缺乏专业人才培养机制,也缺少对外部人才的吸引力,尤其是项目运营人才和网络技术人才。专业人才的缺乏,导致慈善组织的项目设计、运营和品牌管理等方面都存在问题。[①] 因此,必须帮助"微公益"组织制定和完善行业人才培养机制,增强组织的专业化管理水平,提高专业服务能力;同时,适当提高慈善组织人员的薪资水平,在稳定内部人才的同时,吸纳

---

① 许冰.民间慈善公益组织的社会行动对福利多元化格局的形塑[D].天津:南开大学,2013.

优质外部人才;此外,面向公益组织开展相关专业培训活动,提升"微公益"组织对公益活动的规划、运营和品牌营销等专业化管理服务能力。

五、培育全民公益的慈善文化

慈善文化对社会公众的价值观有重要的影响。慈善文化捍卫的价值观能对看重权力和财富的主流价值观进行约束、修正,并不时对其进行教化。[①]因此,营造良好的网络慈善文化氛围,对增进社会价值认同、凝聚公益慈善行动共识、提高法规制度效力都有重要意义。

(一)加强"微公益"观念宣传、教育

慈善捐赠文化是影响个人捐赠的重要因素。政府应加大网络募捐的舆论宣传力度,提升网络募捐在人们心中的知名度和影响力,弘扬慈善行为,努力形成正确的舆论导向。[②] 2012 年,盖洛普民意测验中心的调查表明,美国有高达 77% 的成年人是基督徒;英国 2011 年的人口普查数据也显示,基督徒占英国总人口的比例是 59%。基督教宣扬"罪富文化"理念,人只有向社会捐赠财富,死后才能进入天堂,因此,欧美国家的公民具有很强的捐赠意识,慈善捐赠也主要来自公民个人而非企业。[③] 我国慈善事业的产生、发展与我国源远流长的传统文化密切相关。早在先秦时期,孔孟、老庄等诸子学说体系中就蕴含着慈善思想,譬如儒家的"仁爱"、墨家的"兼爱"、道家的"积德"。两汉以后,佛教的慈悲观、功德观和业报说,也成为我国社会慈善事业兴起与发展的重要思想渊源。[④] 20 世纪 60 年代,以大爱奉献为核心的雷锋精神影响深远。然而,当前中国公众的慈善捐赠意识令人担忧。2010 年,中国青年报社会调查中心通过题客调查网,对全国 31 个省(区、市)开展一项调查显示,在 15796 人的调查对象中,"总是"出于自愿而捐赠的人仅占比

---

① 杨艳芳."互联网+"背景下的公益事业发展研究[D].南京:南京大学,2017.

② 黄春蕾,等.我国网络募捐综合监管模式研究[J/OL].(2017-10-06)[2022-08-13].http://www.chinanpo.gov.cn/700106/108319/newswjindex.html

③ 张强,韩莹莹.中国慈善捐赠的现状与发展路径——基于中国慈善捐助报告的分析[J].中国行政管理,2015(05):82-86.

④ 罗伯特·L.佩顿,迈克尔·P.穆迪.慈善的意义与使命[M].郭烁,译.北京:中国劳动社会保障出版社,2013:13.

28.4%;"大部分时候"出于自愿占比48.1%,"有时"自愿占比15.9%,6.0%的人则"很少"是自愿。这表明,我国完全出于自愿的公益慈善捐赠占比太低。由于慈善捐赠态度淡漠,个人捐赠多是在由官方或半官方的引导下,组织策划的慈善,这在一定程度上背离了慈善捐赠自觉、自愿和日常化的初衷与特性。①

我国公民慈善捐赠意识淡薄,除了经济不够发达、贫困人口基数大这一根本原因外,还有三个重要原因:一是受传统宗法家族观念影响,国人对亲人、熟人、陌生人的爱心呈现出递减的人际关系图谱,这种"差序格局"式的人际关系图谱,强调亲人、友人、邻居、熟人之间的互助、关爱,却不习惯对陌生人予以捐助;二是受传统的财富观念影响,西方人鼓励靠个人奋斗创造财富,即使父辈是富豪,大多数人并不把财富传给子女,而是捐赠给社会,而中国传统文化讲究子承父业,家族财富遵循"血缘内继替、代际间分配"原则,一直延续下去,加之我国至今尚未推行遗产税,致使个人尤其是富人慈善捐赠的积极性不高;三是培养青少年慈善意识的制度缺位,欧美国家很多中小学校都规定学生必须积累足够的"义工时长"方能升学或毕业,高等院校(尤其是名牌大学)录取时把参与公益慈善作为重要的参考标准,这些虽然是非官方的甚至是非正式的制度约束,但却得到整个社会的普遍认同,从而潜移默化地将公益慈善理念寓于人心。我国虽然一直以来都鼓励公益慈善、助人为乐的行为,但却只停留在精神层面,缺乏具体的制度设计,致使青少年乃至整个社会的慈善精神匮乏。②

公益行为背后的价值观念是公益慈善理念及其文化,要实现公益慈善事业的健康发展,需要先转变人们的公益慈善理念。③ 公众认知偏颇、宣传教育形式僵化是造成网络慈善文化影响乏力的两个主要诱因。首先,公众对人人可参与的网络慈善存在误解,对网络慈善的捐助形式理解过于狭隘。受传统慈善文化观念影响,一般民众认为,普通个体的慈善捐赠对慈善事业发展来说是微不足道的,只有富有的企业家或演艺界明星才是慈善捐赠的主体力量。这种文化观念不仅会造成对富人的道德绑架,还直接影响到公民个体的

① 张强,韩莹莹.中国慈善捐赠的现状与发展路径——基于中国慈善捐助报告的分析[J].中国行政管理,2015(05):82-86.
② 张作为.网络慈善募捐模式构建与实施[J].北方经济,2011(04):31-34.
③ 王薇.中国传统慈善思想评析[D].北京:北京师范大学,2018.

网络慈善捐赠意愿和热情,中国民间慈善活动具有的浓厚乡里文化和亲族情结导致慈善事业封闭、内敛,不符合现代慈善事业的社会化、开放性以及公平公正等基本特点,慈善意识未成为社会主流意识;同时,公众还未树立起慈善事业是社会公共产品、参与慈善事业是公民的义务等现代慈善观念,依旧停留在传统的认知层面[①];此外,多数公众认为,做慈善就是捐赠钱款或物资,忽略了志愿服务和志愿组织支持也是重要的慈善形式,由此也影响到公众的网络慈善参与程度。其次,网络慈善文化宣传教育的方式、方法比较僵化,目标群体的指向性不强。在网络慈善文化营造过程中,各级政府牵头的宣传教育活动仍以主流媒体和基层社区为主要宣传阵地,宣传的语言和活动形式也比较严肃、呆板。而当前青年群体是参与网络慈善活动的主体力量,网络慈善文化的宣传教育不以青年人的语言和活动方式开展,自然难以赢得青年人的认可和参与。最后,社会媒介技术运用能力薄弱,严重影响网络慈善文化传播效果。随着互联网信息技术的迭代更新,微博、微信、Skype、Wiki、众筹、云服务、数据可视化等概念和社会媒介工具的涌现,对网络慈善文化的宣传、教育也提出了新的挑战,亟须加强网络思维训练和社会媒介工具运用能力的培训工作。

故此,必须重塑公益慈善理念,在全社会形成全民公益的慈善氛围。一要继续加强对网络公益慈善价值理念的宣传,推动传统的"富人慈善"理念向网络时代的"人人慈善"理念转变,引导社会公众树立人人参与的网络慈善价值观,并利用网络慈善法规制度、传播媒介和各种活动进行宣传教育,引导公众更好地认识、理解网络慈善多元化的发展趋势及其社会意义,更加理性、有序地参与网络慈善活动。二要寓教于乐之中,以青年人喜闻乐见的方式来开展网络慈善文化宣传教育工作。比如,在宣传语言上,要善于运用青年人喜欢的网络语言和影视剧热词;在活动形式上,联合青年人喜欢的各种网络论坛、微信公众号等网络社区,积极开展捐赠、义卖等多种形式的慈善活动,建立"网络善客"积分制和对应的荣誉称号排行榜,并给予相应的网络社区权益激励;在传播形式上,努力创作一系列以宣传慈善文化理念为主题的经典网络游戏、网络视频和影视剧,使慈善文化在各类社会群体中得到更好的传播。

---

① 张强,韩莹莹.中国慈善捐赠的现状与发展路径——基于中国慈善捐助报告的分析[J].中国行政管理,2015(05):82-86.

三要与"图鸥公益"等专门从事网络慈善所需社会化媒体普及工作的社会组织合作,对党政机关、企业、学校、医院、城乡社区、慈善社会组织中管理或参与网络慈善活动的人员,开展互联网思维训练和主流社会化媒体运用技术培训,为网络慈善文化传播和品牌建立奠定坚实的技术支撑。

(二)鼓励组织开展"微公益"活动

加强网络募捐平台的线上线下的宣传活动,是网络募捐平台得到推广应用的主要手段,直接影响到捐赠平台运营是否成功。就政府部门而言,应通过各种渠道和形式,充分利用传统媒体开展网络募捐平台宣传活动,借助讨论网络募捐平台慈善话题、参与慈善活动,吸引更多关注并参与慈善事业的热心人士,让网络捐赠平台以官方的姿态深入人心。[1] 比如近年来,在各级党委、政府的引导下,中华慈善总会、壹基金等社会慈善力量积极参与,全社会以"中华慈善奖""中华慈善日"等活动形式为载体,借助线上、线下的宣传教育活动,全方位营造社会慈善文化氛围。尤其是像"99公益日""幸福回家路""免费午餐月捐赠"等网络慈善公益活动的开展、实施,让越来越多的公众参与到公益慈善事业中来。就志愿者而言,通过下社区活动,让平民切身感受到慈善的力量,激发大众的慈善信心与热情,壮大慈善事业发展队伍,培育良好的慈善文化。例如,通过评选平民慈善明星,大力宣扬慈善文化和平民慈善理念,培育人们形成新的财富观。[2]

(三)建立"微公益"专项激励机制

对个人或企业多渠道参与网络慈善的激励机制不健全、缺少政策扶持,也是慈善文化氛围不足的重要原因。根据《个人所得税法实施条例》《企业所得税法实施条例》的规定,个人或企业只有将其所得通过中国境内的社会团体、国家机关向教育和其他社会公益事业以及遭受严重自然灾害地区、贫困地区的捐赠,才享有相应的税收减免,这使得网络慈善的许多捐赠形式无法享受税收减免。此外,各级政府对网络慈善杰出人物或典型事件的宣传、表彰工作还不够重视,无法有效发挥出公益榜样的社会带动作用。因此,要完

---

[1]　张作为.网络慈善募捐模式构建与实施[J].北方经济,2011(04):31-34.
[2]　杨艳芳."互联网＋"背景下的公益事业发展研究[D].南京:南京大学,2017.

善与网络慈善捐赠相关的激励机制和人才政策,只要个人或企业的网络慈善捐赠情况属实,就按照同等的减税标准予以补助,并加大微公益事业的传播力度,通过新媒体工具对参与网络慈善活动的典型人物和典型事件进行大力宣传和表彰,给予荣誉奖项或颁发奖章、奖金、个人税收减免等奖励,宣扬"微公益"事业在促进社会文明进步、服务困难群众、激发社会正能量等方面的突出贡献,积极引导公民关心、支持、参与"微公益",大力培育社会公益文化。例如,2015年1月16日,和爱心河粉儿益路同行的大河报,获得三年颁发一次的新浪微公益最杰出贡献奖。[①] 慈传媒主办、《中国慈善家》杂志等多家机构联合主办的"2019慈善名人盛典",汇聚了来自公益慈善、演艺、体育、企业、传媒领域的数百位精英,他们不仅身体力行参与慈善活动,树立榜样形象,更是带领公众参与公益活动,传递正能量,推动形成全民公益的慈善文化氛围。此外,要增强捐赠主体的获得感和成就感,以影响和带动更多的社会力量参与网络慈善事业,切实让人人可参与的"指尖慈善"内化为公众的一种自觉行为习惯,让人人行善、天天行善最终成为公众的一种日常生活方式。

---

① 张书明.关于网络募捐的监管问题[J].山东师范大学学报(人文社会科学版),2007(04):139-142.